Impressum
Verlag: BABADADA GmbH, Nedderfeld 112 , 22529 Hamburg
Geschäftsführer / Verlagsleitung: Harald Hof
Druck: Books on Demand GmbH, In de Tarpen 42, 22848 Norderstedt

Imprint
Publisher: BABADADA GmbH, Nedderfeld 112 , 22529 Hamburg, Germany
Managing Director / Publishing direction: Harald Hof
Print: Books on Demand GmbH, In de Tarpen 42, 22848 Norderstedt

la salle de classe
បន្ទប់រៀន

diviser
ចែក

186/2

le tableau noir
ក្ដារ

la cour (de récréation)
ទីធ្លាសាលារៀន

le professeur
គ្រូបង្រៀន

le papier
ក្រដាស

écrire
សរសេរ

le stylo
ប៊ិក

le bureau
តុការិយាល័យ

la règle
បន្ទាត់

le livre
សៀវភៅ

l'élève
កូនសិស្ស

le cartable
សម្ភារៀតសូបកែ

la trousse
ប្ររអប់ដាក់ខ្មៅទៅដៃ

le crayon
ខ្មៅទៅដៃ

le taille-crayon
ប្ររដាប់ខ្លួងខ្មៅទៅដៃ

la gomme
ជ័រលុប

le carnet à dessin
ផ្ទាំងគំនូរ

le dessin
គំនូរ

le pinceau
ជក់គូរ

la boîte de peinture
ប្រអប់ថ្នាំលាប

les ciseaux
កន្ត្រៃ

la colle
ការបិទ

le cahier d'exercices
សៀវភៅលំហាត់

les devoirs
កិច្ចការផ្ទះ

12

le chiffre
លេខ

2+2

additionner
បូក

5-2

soustraire
ដក

2×2

multiplier
គុណ

calculer
គណនា

A

la lettre
លិខិត

ABCDEFG
HIJKLMN
OPQRSTU
VWXYZ

l'alphabet
អក្ខរក្រម

hello

le mot
ពាក្យ

le texte

អត្ថបទ

lire

អាន

la craie

ដីស

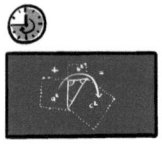

la leçon

មេរៀន

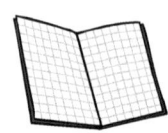

le livre de classe

ចុះឈ្មោះ

l'examen

ការប្រឡង

le certificat

វិញ្ញាបនបត្រ

l'uniforme scolaire

ឯកសណ្ឋានសាលា

la formation

ការអប់រំ

le lexique

សព្ទវចនាធិប្បាយ

l'université

សាកលវិទ្យាល័យ

le microscope

មីក្រូស្កុសន៍

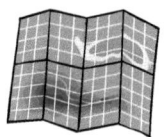

la carte

ផែនទី

la corbeille à papier

កន្ត្រករងាក់សំរាមក្រដាស

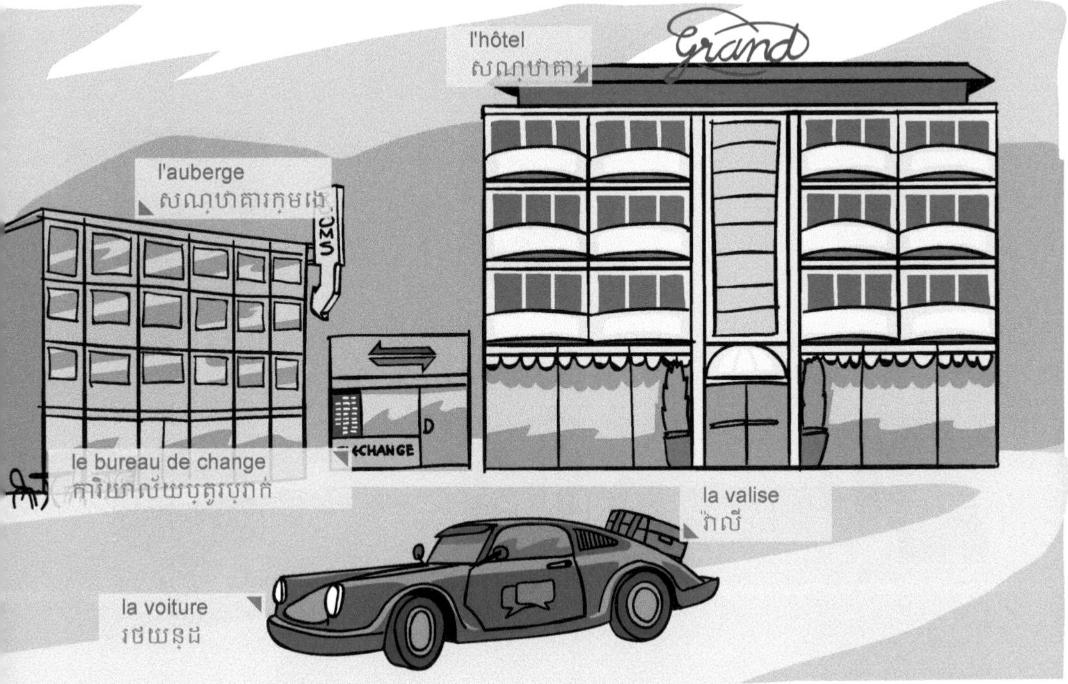

l'hôtel
សណ្ឋាគារ
Grand
l'auberge
សណ្ឋាគារក្មេង
le bureau de change
ការិយាល័យប្តូរប្រាក់
CHANGE
la valise
វ៉ាលី
la voiture
រថយន្ត

la langue
ភាសា

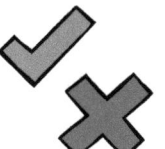

oui / non
បាទ / ទេ

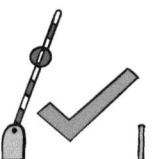

d'accord
យល់ព្រម

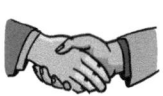

Salut
សាយ័ន្តសួស្តី!

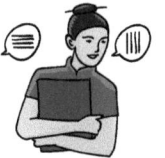

l'interprète
អ្នកបកប្រែ

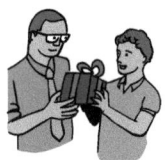

merci
សូមអរគុណ

Combien coûte...?
ចូលប៉ុន្មាន... ?

Je ne comprends pas
ខ្ញុំមិនយល់

le problème
បញ្ហា

Bonsoir !
ទិវាសួស្តី!

Bonjour !
អរុណសួស្តី

Bonne nuit !
រាត្រីសួស្តី!

Au revoir
លាហើយ

la direction
ទិសដៅ

les bagages
អីវ៉ាន់

le sac
កាបូប

le sac-à-dos
កាបូបស្ពាយកុរហោយ

l'hôte
ភ្ញៀវ

la pièce
បន្ទប់

le sac de couchage
ថង់ដេក

la tente
តង់

l'office de tourisme

ព័ត៌មានទេសចរណ៍

la plage

ឆ្នេរ

la carte de crédit

កាតឥណទាន

le petit-déjeuner

អាហារពេលព្រឹក

le déjeuner

អាហារថ្ងៃត្រង់

le dîner

អាហារពេលល្ងាច

le billet

សំបុត្រ

l'ascenseur

ជណ្ដើរចុះឡើងយន្ត

le timbre

តែម

la frontière

ព្រំដែន

la douane

គយ

l'ambassade

ស្ថានទូត

le visa

ទិដ្ឋាការ

le passeport

លិខិតឆ្លងដែន

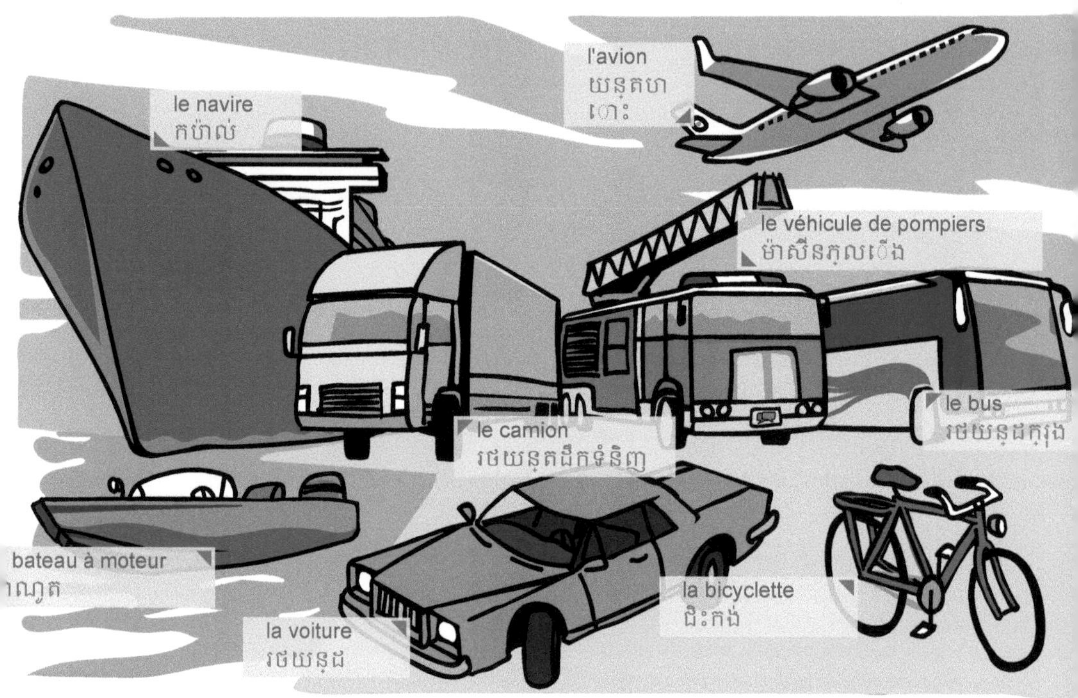

l'avion
យន្តហោះ

le navire
កប៉ាល់

le véhicule de pompiers
ម៉ាស៊ីនភ្លើងលេីង

le camion
រថយន្តដឹកទំនិញ

le bus
រថយន្តក្រុង

bateau à moteur
ណេាត

la voiture
រថយន្ត

la bicyclette
ជិះកង់

le ferry	la barque	la moto

សាឡាង	ទូក	ម៉ូតូ

la voiture de police	la voiture de course	la voiture de location

រថយន្តប៉ូលីស	រថយន្តបុរណាំង	រថយន្តជួល

l'auto-partage

ការចែករំលែករថយន្ត

la voiture de remorquage

ឡានសុទ្ទច

la benne à ordures

ឡានបុរមួលសំរាម

le moteur

ម៉ូតូ

l'essence

បុរេងឥន្ធន:

la station d'essence

សុថានីយបុរេង

le panneau indicateur

សុលាកសញ្ញាចរាចរណ៍

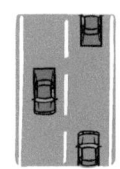

le trafic

ការធ្វេីចរាចរណ៍

l'embouteillage

កកស្ទ:ចរាចរណ៍

le parking

ចំណត

la gare

សុថានីយរថភ្លុងេីង

les rails

ផ្លុវដេកេ

le train

រថភ្លុងេីង

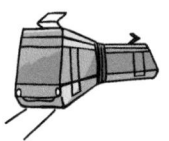

le tramway

រថអគ្គីសនី

le wagon

ទូរថភ្លុងេីង

le transport - ការដឹកជញ្ជូន

9

l'hélicoptère

ឧទ្ធម្ភាគចក្រ

l'aéroport

ពុរលានយន្តហោះ

la tour

ប៉ម

le passager

អ្នកដំណើរ

le conteneur

កុងតឺន័រ

le carton

ករដាសកាតុង

le chariot

រទេះ

la corbeille

កញ្ចប់

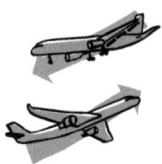

décoller / atterrir

ហោះឡ្បើង / ចុះ

la ville

ទីក្រុង

le village

ភូមិ

le centre-ville

កណ្តាលទីក្រុង

la maison

ផ្ទះ

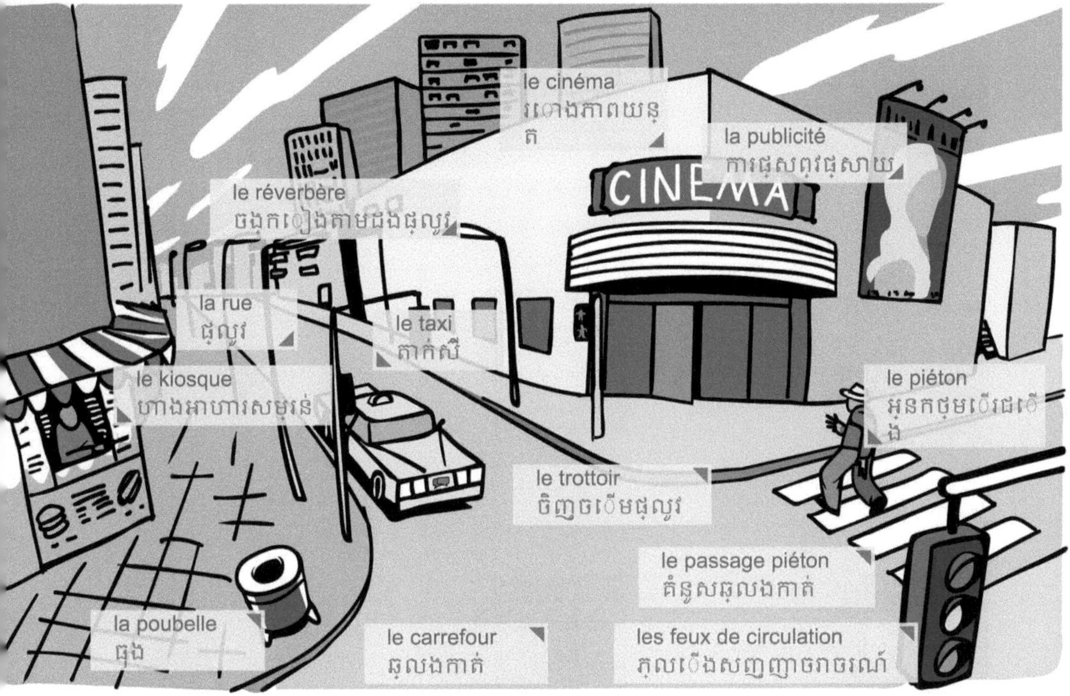

le cinéma
រោងកុនភាពយន្ត

la publicité
ការផ្សព្វផ្សាយ

le réverbère
ចង្កៀងតាមដងផ្លូវ

la rue
ផ្លូវ

le taxi
តាក់ស៊ី

le kiosque
ហាងអាហារសម្រន់

le piéton
អ្នកថ្មើរជើង

le trottoir
ចិញ្ចើមផ្លូវ

le passage piéton
គំនូសផ្លូងកាត់

la poubelle
ធុង

le carrefour
ផ្លូងកាត់

les feux de circulation
គុលចេងសញ្ញាចរាចរណ៍

CINEMA

la cabane
ខ្ទម

l'appartement
ផ្ទះល្វែង

la gare
ស្ថានីយរថភ្លើង

la mairie
សាលាក្រុង

le musée
សារមន្ទីរ

l'école
សាលារៀន

l'université

សាកលវិទ្យាល័យ

la banque

ធនាគារ

l'hôpital

មន្ទីរពេទ្យ

l'hôtel

សណ្ឋាគារ

la pharmacie

ឱសថស្ថាន

le bureau

ការិយាល័យ

la librairie

ហាងលក់សៀវភៅ

le magasin

ហាង

le fleuriste

ហាងផ្កា

le supermarché

ផ្សារទំនើប

le marché

ទីផ្សារ

le grand magasin

ហាងទំនិញ

la poissonnerie

ហាងលក់ត្រី

le centre commercial

មជ្ឈមណ្ឌលផ្សារទំនើប

le port

កំពង់ផែ

le parc
ឧទ្យាន

la banque
បង់

le pont
ស្ពាន

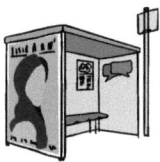

les escaliers
ជណ្ដើរ

le métro
ផ្លូវក្រោមដី

le tunnel
ផ្លូវរូងក្រោមដី

l'arrêt de bus
ចំណតរថយន្តក្រុង

le bar
បារ

le restaurant
ភោជនីយដ្ឋាន

la boîte à lettres
ប្រអប់សំបុត្រ

le panneau indicateur
សញ្ញាតាមដងផ្លូវ

le parcmètre
ឧបករណ៍បូមួលផ្ចលថៃណត

le zoo
សួនសត្វ

le réverbère
អាងហាលែទឹក

la mosquée
វិហារអ៊ីស្លាម

la ferme
កសិដ្ឋាន

la pollution
ការបំពុល

la cimetière
វាលកប់ខ្មោច

l'église
ពុរវិហារ

l'aire de jeux
គ្រឿងរៀបអេ៊ិលក្មេងលេង

le temple
បុរសាទ

le paysage
ទេសភាព

la feuille
សូលឹក

le panneau indicateur
សញ្ញាម្រាប់ទិសដៅ

le chemin
ផ្លូវ

le pré
វាលស្មៅ

la pierre
ដុំថ្ម

le randonneur
អ្នកឡ្យេងភ្នំ

l'arbre
ដើមឈើ

la rivière
ទន្លេ

l'herbe
ស្មៅ

la fleur
ផ្កា

la vallée

ជ្រលងភ្នំ

la montagne

កូនភ្នំ

le lac

បឹង

la forêt

ព្រៃឈើ

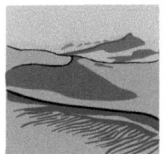

le désert

វាលខ្សាច់

le volcan

ភ្នំភ្លើង

le château

តេហាកុប៊ី

l'arc-en-ciel

ឥន្ធនូ

le champignon

ផ្សិត

le palmier

ដើមត្នោត

le moustique

មូស

la mouche

រុយ

les fourmis

ស្រមោច

l'abeille

សត្វឃ្មុំ

l'araignée

ពីងពាង

le paysage - ទេសភាព

le coléoptère

សត្វកញ្ចៃ

la grenouille

កង្កែប

l'écureuil

កំប្រុក

le hérisson

សត្វកាំបុរមា

le lièvre

ទន្សាយសុល៊ឹក

la chouette

សត្វទីទុយ

l'oiseau

បក្សី

le cygne

ហង្ស

le sanglier

ជ្រូក

le cerf

សត្វក្តាន់

l'élan

សត្វក្តាន់

le barrage

ទំនប់

l'éolienne

កង្ហារខ្យល់

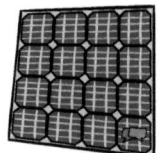

le panneau solaire

បន្ទះសូឡា

le climat

អាកាសធាតុ

le restaurant
ភោជនីយដ្ឋាន

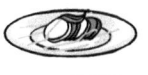

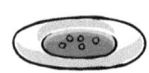

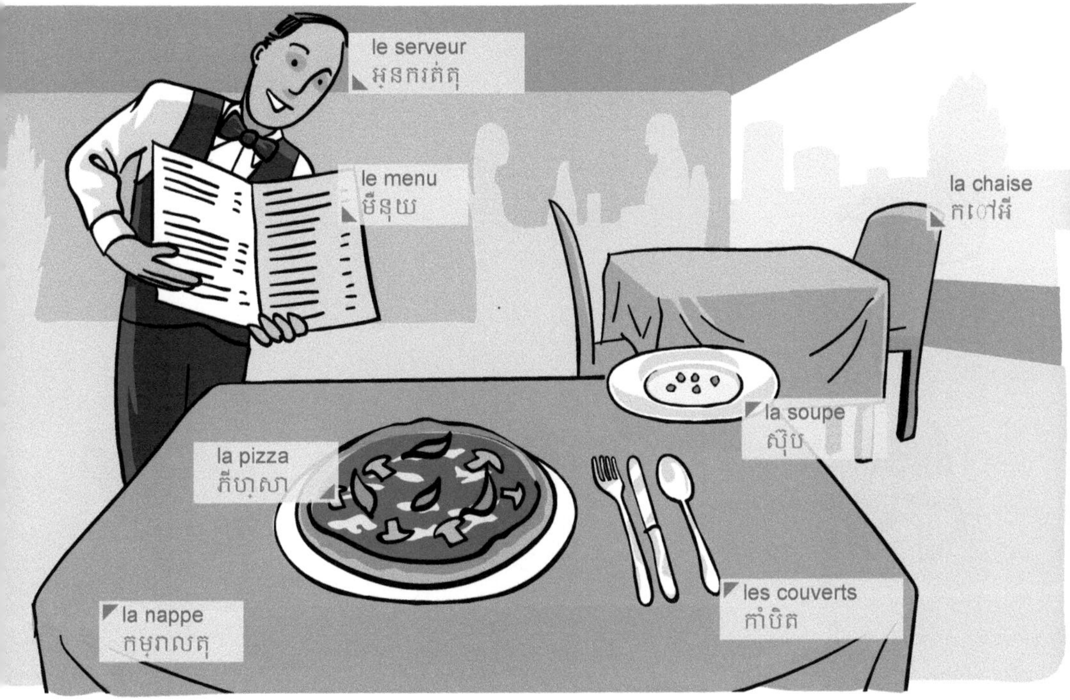
le serveur
អ្នករត់តុ
le menu
មីនុយ
la chaise
កៅអី
la soupe
ស៊ុប
la pizza
ភីហ្សា
les couverts
កាំបិត
la nappe
កម្រាលតុ

les hors d'œuvre
អាហារសម្រន់

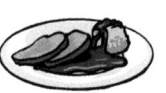

le plat principal
អាហារសំខាន់

le dessert
បង្អែម

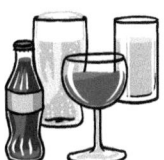

les boissons
ភេសជ្ជៈ

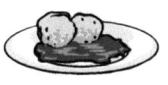

l'alimentation
អាហារ

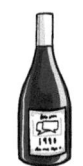

la bouteille
ដប

le fast-food

អាហាររហ័ស

les plats à emporter

អាហារតាមផ្លូវ

la théière

ប៉ាន់តែ

le sucrier

ប្អូររបស់ស្ករ

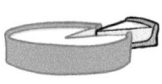

la portion

ចំណែក

la machine à expresso

ម៉ាស៊ីនឆុងកាហ្វេអ៊ិចស្ពុរ ស្ស

la chaise haute

កៅអីខ្ពស់

la facture

វិក្កយបត្រ

le plateau

ថាស

le couteau

កាំបិត

la fourchette

សម

la cuillère

ស្លាបព្រា

la cuillère à thé

ស្លាបព្រាកាហ្វេ

la serviette

កន្សែងជូតខ្លួន

le verre

កវ៉ែ

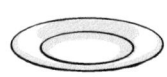

l'assiette
ចានទាប

l'assiette à soupe
ចានស៊ុប

la soucoupe
ចានទុរនាប់

la sauce
ទឹកជ្រលក់

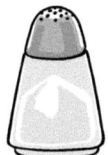

la salière
ដបអំបិល

le moulin à poivre
ប្ររជាប់កិនម្រេច

le vinaigre
ទឹកខ្មេះ

l'huile
ប្ររេង

les épices
គ្រឿងទេស

le ketchup
ទឹកប៉េងប៉ោះ

la moutarde
ម៉ូតាក

la mayonnaise
ទឹកមយ៉ូណារ

le supermarché
ផ្សារទំនើប

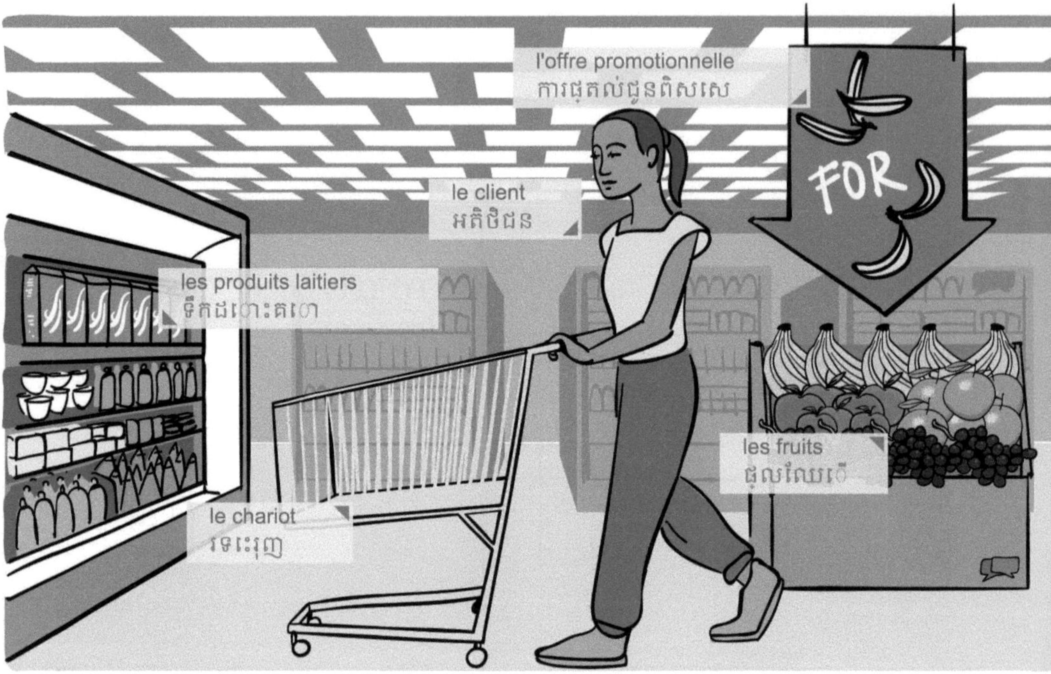

l'offre promotionnelle
ការផ្តល់ជូនពិសេស
FOR
le client
អតិថិជន
les produits laitiers
ទឹកដោះគោ
les fruits
ផ្លែឈើ
le chariot
រទេះរុញ

BUTCHERS

la boucherie
ហាងកាប់ជ្រូក

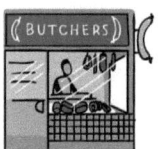

BAKERY

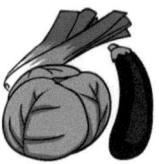

la boulangerie
ហាងដុតនំ

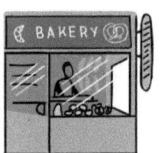

peser
ថ្លឹង

les légumes
បន្លែ

la viande
សាច់

les aliments surgelés
អាហារក្លាស្សេ

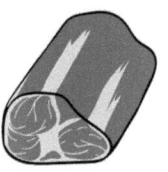

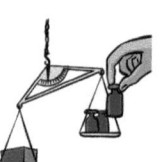

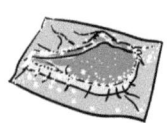

la charcuterie
សាច់កុឡាសរ

les conserves
អាហារកំប៉ុង

la poudre à lessive
ម្សៅបោកលាង

les bonbons
សុអរគ្មរាប់

les articles ménagers
ផលិតផលក្នុងគ្រួសារ

les détergents
ផលិតផលសម្អាត

la vendeuse
អ្នកលក់

la caisse
ថតដាក់លុយ

le caissier
បេឡា

la liste d'achats
បញ្ជីទិញទំនិញ

les heures d'ouverture
ម៉ោងធ្វើការ

le portefeuille
កាបូបលុយបុរស

la carte de crédit
កាតឥណទាន

le sac
ថង់

le sac en plastique
ថង់ប្លាស្ទិច

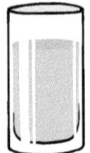

l'eau

ទឹក

le jus de fruit

ទឹកផ្លែឈើ

le lait

ទឹកដោះគោ

le coca

កូកាកូឡា

le vin

ស្រា

la bière

ស្រាបៀរ

l'alcool

គ្រឿងស្រវឹង

le chocolat chaud

កាកាវ

le thé

តែ

le café

កាហ្វេ

l'expresso

កាហ្វេអ៊ិចសុព្រេស្សូ

le cappuccino

កាហ្វេកាពូឈីណូ

la banane

ចេក

la pomme

ផ្លែប៉ោម

l'orange

ផ្លែក្រូច

le melon

ឪឡឹក

le citron.

ក្រូចឆ្មា

la carotte

ការ៉ុត

l'ail

ខ្ទឹម

le bambou

ប្រសុស៊ី

l'oignon

ខ្ទឹមបារាំង

le champignon

ផ្សិត

les noisettes

គ្រាប់ផ្លែឈើ

les pâtes

មី

les spaghetti

 មីអ៊ីតាលី

le riz

បាយ

la salade

សាឡាត់

les pommes frites

ដំឡូងចៀន

les pommes de terre rôties

ដំឡូងចៀន

la pizza

ភីហ្សា

le hamburger

ប៊ីហ្គឺ

le sandwich

សាំងវិច

l'escalope

សាច់ជាប់ឆ្អឹងជំនី

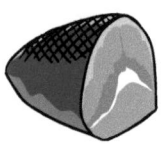

le jambon

ហាំ

le salami

សាឡាម៉ី

la saucisse

សាច់ក្រក

le poulet

សាច់មាន់

le rôti

អាំង

le poisson

ត្រី

les flocons d'avoine

អារ៉ែនបបរ

le muesli

មុម្ហ្សីស៊ុល័

les cornflakes

ជំឡ្យឯចំណិត

la farine

មុសៅ

le croissant

នំគ្រួសង់

les petits-pains

នំប៉ុងមុយ៉ាងមូលតូចៗ

le pain

នំប៉ុង

le pain grillé

អាំង

les biscuits

នំប៊ីស្គី

le beurre

ប៊ឺរ

le fromage blanc

ទឹកដោះខាប់

le gâteau

នំខេក

l'œuf

ស៊ុត

l'œuf au plat

ស៊ុតចៀន

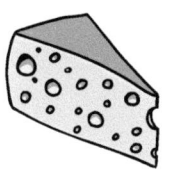

le fromage

ឈីស

la glace

ការីមេ

le sucre

ស្ករ

le miel

ទឹកឃ្មុំ

la confiture

ដំណាប់

la crème nougat

ក្រមៃតាំងម៉ៃ

le curry

ការី

la ferme
ផ្ទះក្នុងកសិដ្ឋាន

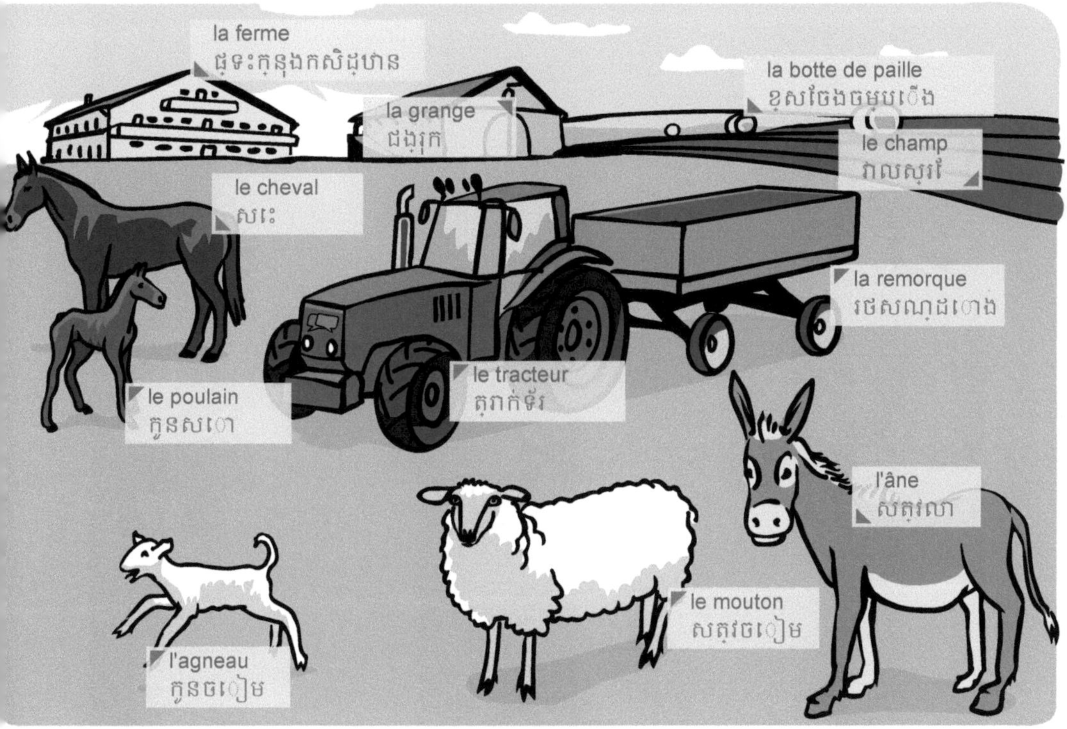

la grange
ជង្រុក

le cheval
សេះ

la botte de paille
ខ្សែចែងចម្បរេីង

le champ
វាលស្រែ

la remorque
រថសណ្ដជទោង

le poulain
កូនសេះ

le tracteur
ត្រាក់ទ័រ

l'âne
សត្វលា

l'agneau
កូនចៀម

le mouton
សត្វចៀម

la chèvre	la vache	le veau
ពពែ	គោញី	កូនគោ

le porc	le porcelet	le taureau
ជ្រូក	កូនជ្រូក	គោឈ្មោល

l'oie

សត្វក្ងាន

le canard

ទា

le poussin

កូនមាន់

la poule

មមោន់

le coq

មាន់ឈ្មោល

le rat

កណ្ដុរ

le chat

ឆ្មា

la souris

កណ្ដុរប្ររមៈ

le bœuf

គោឈ្មោល

le chien

ឆ្កែ

le chenil

ផ្ទះឆ្កែ

le tuyau de jardin

ទុយោទឹក

l'arrosoir

ធុងស្រោចទឹក

la faucheuse

ខ្មៅវែបក

la charrue

នង្គ័ល

la faucille

កណ្ដៀវ

la pioche

ចបកាប់

la fourche

នាស់

la hache

ពូថៅ

la brouette

រទេះរុញ

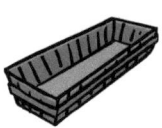

la cuve

ស្នូក

le pot à lait

កំប៉ុងទឹកដោះគោ

le sac

ហារ

la clôture

របង

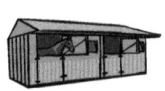

l'étable

ក្រុរោល

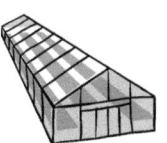

le serre

ផ្ទះកញ្ចក់

le sol

ដី

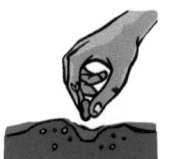

les semences

គ្រាប់ពូជ

l'engrais

ជី

la moissonneuse-batteuse

ម៉ាស៊ីនច្រូតមួលផល

récolter

បុរមូលផល

la récolte

ការបុរមូលផល

l'igname

ដំឡូងជួរ

le blé

សូរវសាលី

le soja

សណ្ដែកសេវៀង

la pomme de terre

ដំឡូងជួរ

le maïs

ពោត

le colza

គ្រាប់បុរេឪរវៃ

l'arbre fruitier

ដរើមឈេឺហ្ឫបផុលរៃ

le manioc

ដំឡូងមី

les céréales

ធញ្ញជាតិ

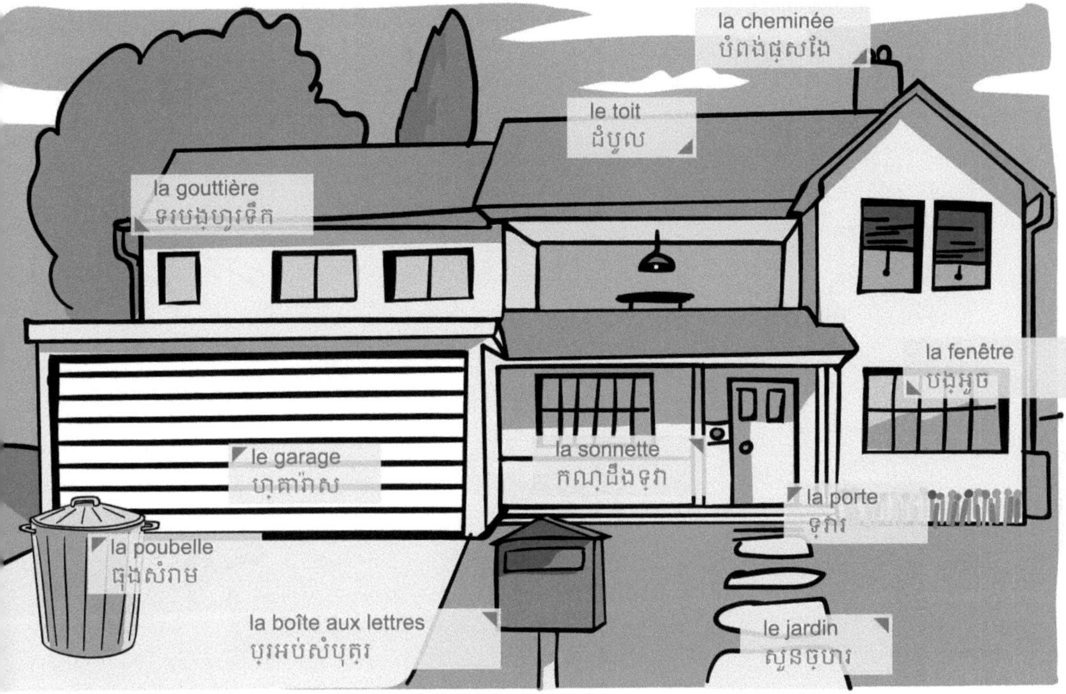

la cheminée
បំពង់ផ្សែង

le toit
ដំបូល

la gouttière
ទរបង្ហូរទឹក

la fenêtre
បង្អួច

le garage
ហ្គារ៉ាស់

la sonnette
កណ្ដឹងទ្វារ

la porte
ទ្វារ

la poubelle
ធុងសំរាម

la boîte aux lettres
ប្រអប់សំបុត្រ

le jardin
សួនច្បារ

le salon

បន្ទប់ទទួលភ្ញៀវ

la salle de bain

បន្ទប់ទឹក

la cuisine

ផ្ទះបាយ

la chambre à coucher

បន្ទប់គេង

la chambre d'enfant

បន្ទប់របស់កុមារ

la salle à manger

បន្ទប់ទទួលទានអាហារ

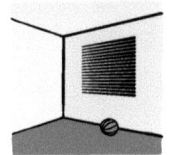

le sol

ជាន់

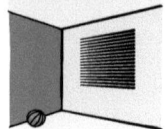

le mur

ជញ្ជាំង

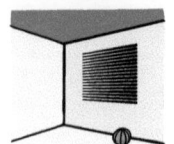

le plafond

ពិដាន

la cave

បន្ទប់ក្រោមដី

le sauna

សួណា

le balcon

យ៉រ

la terrasse

ផ្ទៃវាបសុមៗនៅជមុរាល
ភ្នំ

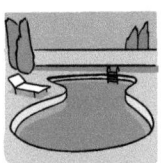

la piscine

អាងហាលែទឹក

la tondeuse à gazon

ម៉ាស៊ីនកាត់សុមៗនៅ

la housse

សន្លឹក

la couette

កម្រាលគួរដែកេ

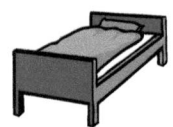

le lit

គួរ

le balai

អំបោស

le sceau

ធុង

l'interrupteur

កុងតាក់

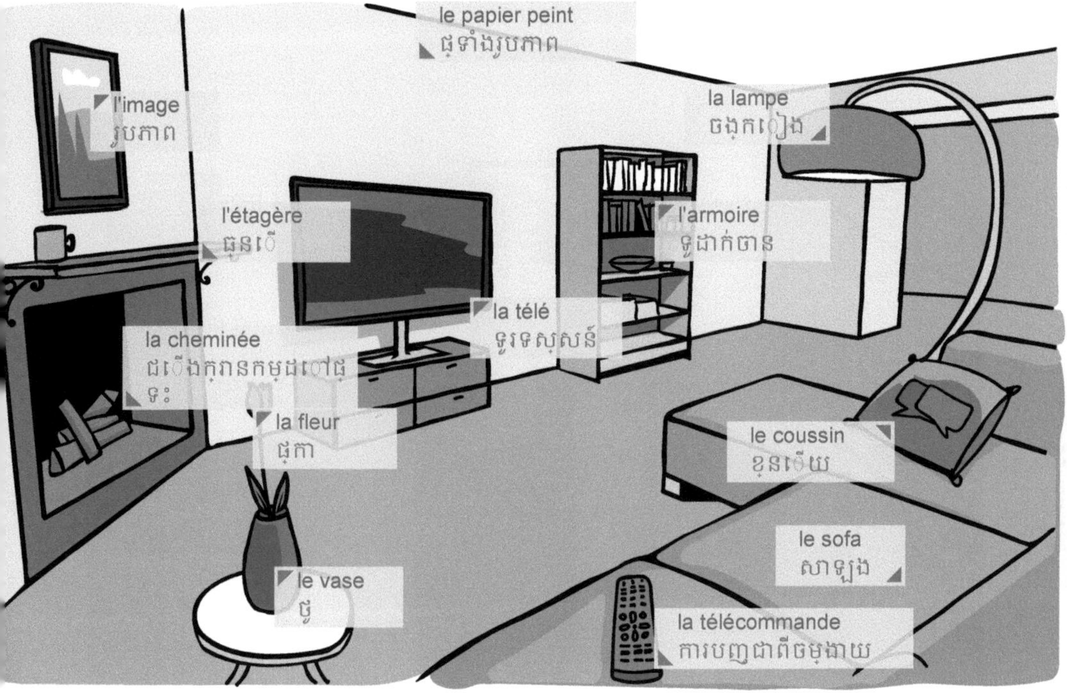

le papier peint
ផ្ទាំងរូបភាព

l'image
រូបភាព

la lampe
ចង្កៀង

l'étagère
ធ្នើរ

l'armoire
ទូជាក់ចាន

la télé
ទូរទស្សន៍

la cheminée
ជញ្ជើងកុកានកម្ដៅផ្ទះ

la fleur
ផ្កា

le coussin
ខ្នើយ

le sofa
សាឡុង

le vase
ថូ

la télécommande
ការបញ្ជាពីចម្ងាយ

le tapis
កម្រាលព្រំ

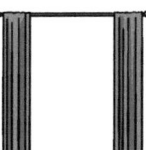

le rideau
វាំងនន

la table
តុ

la chaise
កៅអី

la chaise à bascule
កៅអីប៉ាក់ប៉ែក

le fauteuil
កៅអីភ្នាក់ដៃ

le livre
សៀវភៅទៅ

la couverture
ភួយ

la décoration
ការតុបតែង

le bois de chauffage
អុសដុត

le film
ខ្សែភាពយន្ត

la chaîne hi-fi
ឧបករណ៍ Hi-Fi

la clé
កូនសោ

le journal
កាសែត

la peinture
តំនូរ

le poster
ផ្ទាំងរូបភាព

la radio
វិទ្យុ

le bloc-notes
ណុតផតគេ

l'aspirateur
ម៉ាស៊ីនបូមធូលី

le cactus
ដំបងយក្ស

la bougie
ទៀន

la cuisine
ផ្ទះបាយ

le réfrigérateur
ទូរទឹកកក
le four à micro-ondes
ចង្ក្រានមីក្រូវេវ
la balance de cuisine
ជញ្ជីងផ្ទះបាយ
le grille-pain
ប្រដាប់អាំងនំប៉័ង
le détergent
សាប៊ូបោកខោអាវ
le four
ចង្ក្រាន
le compartiment congélateur
ម៉ាស៊ីនធ្វើទឹកកក
la poubelle
ធុងសំរាម
le lave-vaisselle
ម៉ាស៊ីនលៀងចាន

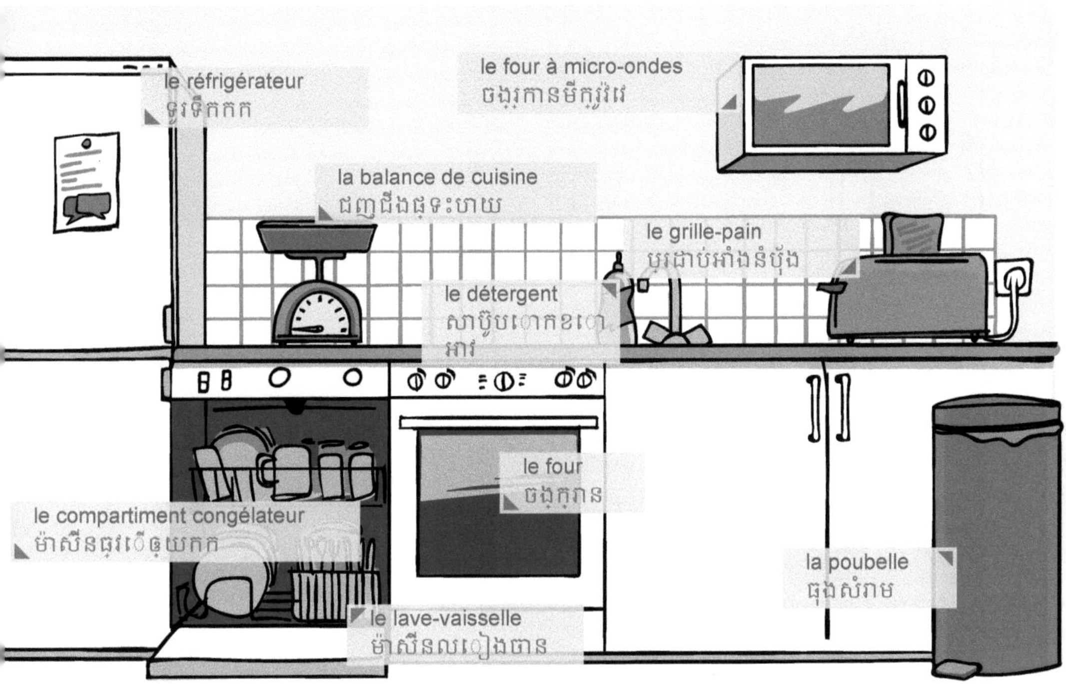

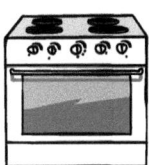

le four

ចង្ក្រាន

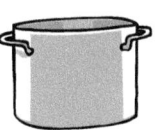

la casserole

ឆ្នាំង

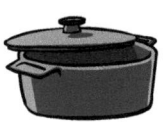

la marmite

ឆ្នាំងដែក

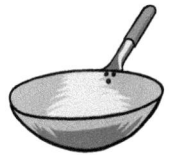

le wok / kadai

ខ្ទះ / ខ្ទះឥណ្ឌា

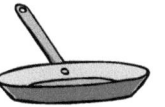

la poêle

ខ្ទះ

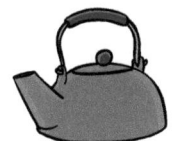

la bouilloire electrique

កំសៀវ

le cuiseur vapeur
ឆ្នាំងចំហុយ

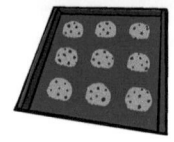

la plaque de cuisson
ថាសដុតនំ

la vaisselle
គ្រឿងៀងចានឆ្នាំងដ

le gobelet
ថ្វ

la coupe
ចានតែទៅម

les baguettes
ចង្កឹះ

la louche
វែកសមុល

la spatule
វែកកូរ

le fouet
បុរដៅបវាយកូរឡ្យក

la passoire
តម្រង

le tamis
កន្ត្រង

la râpe
បុរដៅប់កទោសដុង

le mortier
ត្បាល់

le barbecue
ការអាំងសាច់

la cheminée
ចង្ក្រានចំហ

36   **la cuisine - ផ្ទះបាយ**

la planche à découper

ជុរញ៉

le rouleau à pâtisserie

បុរដោប់កិនម្សៅ

le tire-bouchon

បុរដោប់ម្សៅបេីកឆ្នុកសុរា

la boîte

កំប៉ុង

l'ouvre-boîte

បុរដោប់បេីកកំប៉ុង

les maniques

កុរណាត់ទុរាប់ធុនាំង

le lavabo

កន្សលដែលោងចាន

la brosse

ជក់

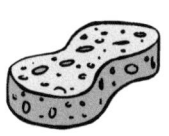

l'éponge

អប៉ុង

le mixeur

ម៉ាស៊ីនកុរឡ្បាក

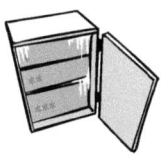

le congélateur

ទូរទឹកកកខុនាតត្តូច

le biberon

ដបទឹកដោះគោ

le robinet

រ៉ូប៊ីណេ

la salle de bain
បន្ទប់ទឹក

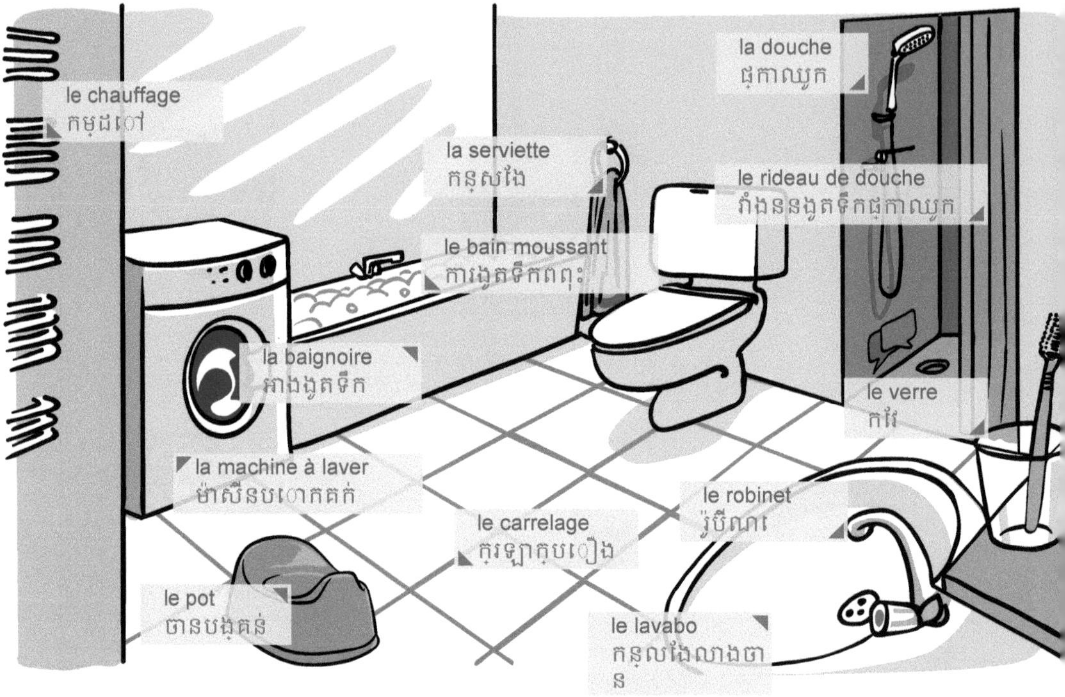
le chauffage
កម្ដៅ
la douche
ផ្កាឈូក
la serviette
កន្សែង
le rideau de douche
វាំងននងូតទឹកផ្កាឈូក
le bain moussant
ការងូតទឹកពពុះ
la baignoire
អាងងូតទឹក
le verre
កែវ
la machine à laver
ម៉ាស៊ីនបោកគក់
le robinet
រ៉ូប៊ីណេ
le carrelage
ក្រឡាក្បឿង
le pot
ចានបង្គន់
le lavabo
កន្លែងលាងចា
ន

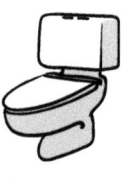

les toilettes
បង្គន់

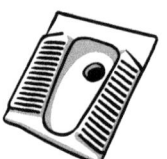

la toilette à la turque
បង្គន់អង្គុយ

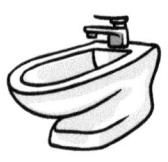

le bidet
ផើងជម្រះកាយ

l'urinoir
ក្លាំទឹកនោម

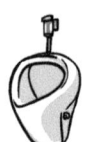

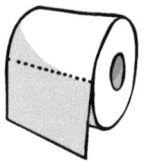

le papier toilette
ក្រដាសបង្គន់

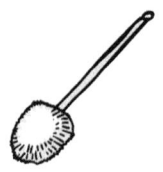

la brosse à toilette
ច្រាសដុសបង្គន់ន

la brosse à dents

ច្រាសដុសធ្មេញ

le dentifrice

ថ្នាំដុសធ្មេញ

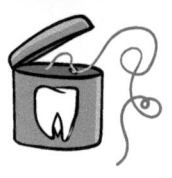

le fil dentaire

ខ្សែទាក់សម្អាតធ្មេញ

laver

លាង

la douche manuelle

បូរដោប់ដាក់ដផ្ទែកាឈ្មក

la douche intime

ទឹកថ្នាំសម្រាប់ហាញ្ញលាង

la vasque

អាង

la brosse dorsale

ច្រាសដុសខ្នង

le savon

សាប៊ូ

le gel douche

ជែលសម្រាប់ងូតទឹកផ្ទែកាឈ្មក

le shampooing

សាប៊ូ

le gant de toilette

សកុលាត

l'écoulement

បំពង់បងួរហួរទឹក

la crème

ក្រែម

le déodorant

ថ្នាំបំហាត់កុលិនអាក្ររក់

le miroir

កញ្ចក់

le miroir cosmétique

កញ្ចក់ដៃ

le rasoir

ប្រដាប់កោរ

la mousse à raser

ហ្វូមកោរពុកមាត់

l'après-rasage

ទឹកលាងក្រោយកោរពុកម
ាត់រួច

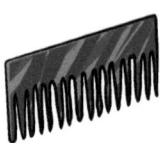

la peigne

កូរស

la brosse

ជក់

le sèche-cheveux

ប្រដាប់សម្ងួតសក់

la laque pour cheveux

សូព្រាយហាញ់សក់

le fond de teint

ការតុបតែងមុខ

le rouge à lèvres

កូរម៉ែលាបមាត់

le vernis à ongles

ថ្នាំលាបក្រចក

l'ouate

រោមកប្បាស

le coupe-ongles

កន្ត្រៃកោត់ក្រចក

le parfum

ទឹកអប់

la trousse de toilette

កាបូបបបៀកតក់

le tabouret

ឡាមក

le pèse-personne

ជញ្ជីងថ្លឺងទម្ងន់

le peignoir

អាវពាក់ងូតទឹក

les gants de nettoyage

ស្រោមដៃកពៅស្ម

le tampon

ឆ្នុក

les serviettes hygiéniques

កន្សែងអនាម័យ

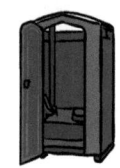

la toilette chimique

បង្គន់គីមី

la chambre d'enfant

បន្ទប់របស់កុមារ

le réveil
នាឡិការោទ៍
le doudou
ប្រដាប់ក្មេងអោបលេង
la voiture jouet
រថយន្តក្មេងលេង
le hochet
ប្រដាប់អង្រន់លេង
la maison de poupée
ផ្ទះកូនក្រមុំជ័រ
le cadeau
អំណោយ

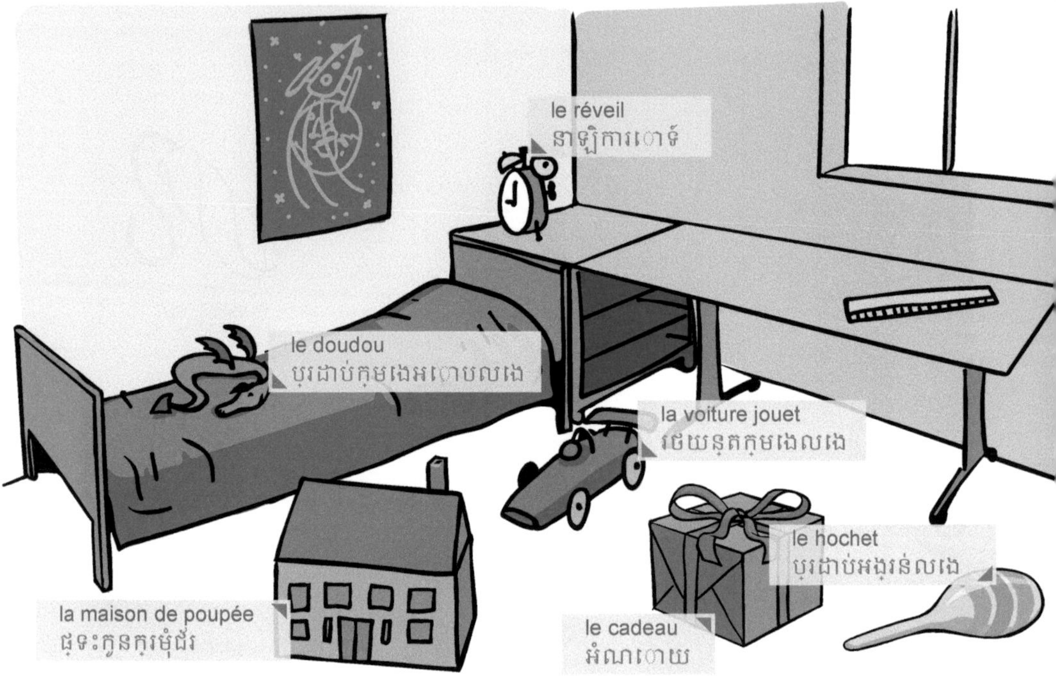

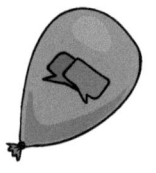

le ballon

ប៉េងប៉ោង

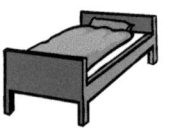

le lit

គ្រែ

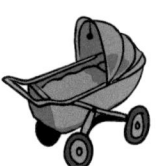

la poussette

រទេះរុញទារក

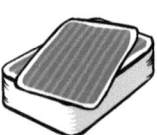

le jeu de cartes

ហ៊្វបៀ

le puzzle

រូបផ្គុំ

SUPER
MEGA

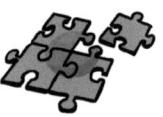

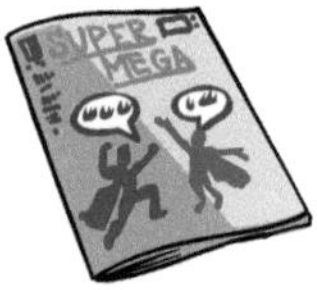

la bande dessinée

កំប្លែង

les pièces lego

ពងជុប Lego

les blocs de construction

បុល្កប្ដាប់ក្មេងលេង

la figurine

គ្មូលខេសកម្មភាព

la grenouillère

ខ្ទោអារ៉ាទៅរក

le frisbee

ការគប់ចាស

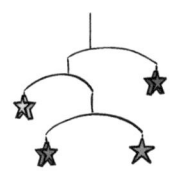

le mobile

ទូរស័ព្ទដៃ

le jeu de société

កូគ្ការល្បេបង

le dé

គ្រាប់ឡ្យកឡ្យាក់

le train miniature

ឈុតរថភ្លើងខេ្លីងគំរូ

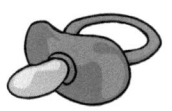

la sucette

រូបសំណាក

la fête

គណបក្ស

le livre d'images

សរៀវភៅរូបភាព

la balle

ហាល់

la poupée

កូនក្រុមុំតុក្កតា

jouer

លេង

le bac à sable

រណ្តៅទៅខ្សាច់

la balançoire

ទទេង

les jouets

ប្រដាប់កុមងេលងេ

la console de jeu

កុងសូលវីដេអូហ្គតមេ

le tricycle

គូរីចក្រយានយន្ត

l'ours en peluche

តុក្កតាខ្លាឃ្មុំ

l'armoire

ទូខោអាវ

les chaussettes

ស្រោមជេីង

les bas

ស្រោមជេីងវែង

le collant

ខោទ្រនាប់នារី

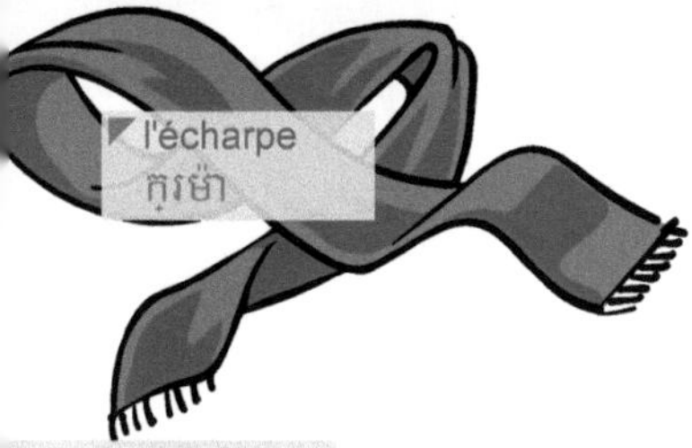

l'écharpe
កុរម៉ា

le parapluie
ឆត្រ

le t-shirt
អាវយឺត

la ceinture
ខ្សែក្រវាត់

les bottes
ស្បែកជើងវែងករវែង

les baskets
ស្បែកជើងហ្គាតា

les pantoufles
ស្បែកជើងពាក់នៅ
ផ្ទះ

les sandales

ស្បែកជើងសង្រែក

les chaussures

ស្បែកជើង

les bottes de caoutchouc

ស្បែកជើងករវែងកៅស៊ូ

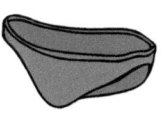

les sous-vêtements

ខោទ្រនាប់បុរស

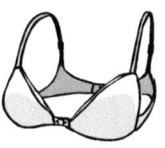

le soutien-gorge

អាវទ្រនាប់

le maillot de corps

អាវកាក់

le body
រាងកាយ

le pantalon
ខោទ្រវែង

le jean
ខោខូវប៊ីយ

la jupe
សំពត់

le chemisier
អាវក្រុរៅ

la chemise
អាវ

le pull
អាវយឺត

le sweat à capuche
អាវយឺត

la veste
អាវធំ

la veste
អាវក្រុរៅ

le manteau
អាវធំ

l'imperméable
អាវភ្លៀង្រៀង

le costume
គុររៀងកង

la robe
អាវរៃង

la robe de mariée
សំលរៀកបំពាក់អាពាហ៍ពិពា
ហ៍

le costume

ខោអាវឈុត

la chemise de nuit

រូបភាគ្គ្រី

le pyjama

ឈុតគេង

le sari

សារី

le foulard

កន្សែងជូតកុហាល

le turban

ឆ្នួត

la burqa

សួបម៉ែខ

le caftan

kaftan

l'abaya

abaya

le maillot de bain

ឈុតហាលែទឹក

le maillot de bain

ខោខ្លី

le short

ខោខ្លី

la tenue d'entraînement

ឈុតហាត់ក៏ឡា

le tablier

អាវអេ្រ្យម

les gants

ស្រោមដៃ

le bouton

ឡូវអារ

les lunettes

វ៉ែនតា

le bracelet

ខ្សដៃ

le collier

ខ្សកៃ

la bague

ចិញ្ចៀន

la boucle d'oreille

ក្រវិល

le bonnet

មួក

le cintre

ប្រដាប់ពួយអារក្រវៅ

le chapeau

មួក

la cravate

ក្រវាត់ក

la fermeture éclair

រូត

le casque

មួកសុវត្ថិភាព

les bretelles

ខ្សវៃ

l'uniforme scolaire

ឯកសណ្ឋានសាលា

l'uniforme

ឯកសណ្ឋាន

le bavoir

អរៀបទារក

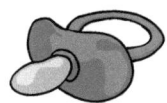

la sucette

រូបសំណាក

la lange

ខ្ទេទ្មីកនទោម

le bureau
ការិយាល័យ

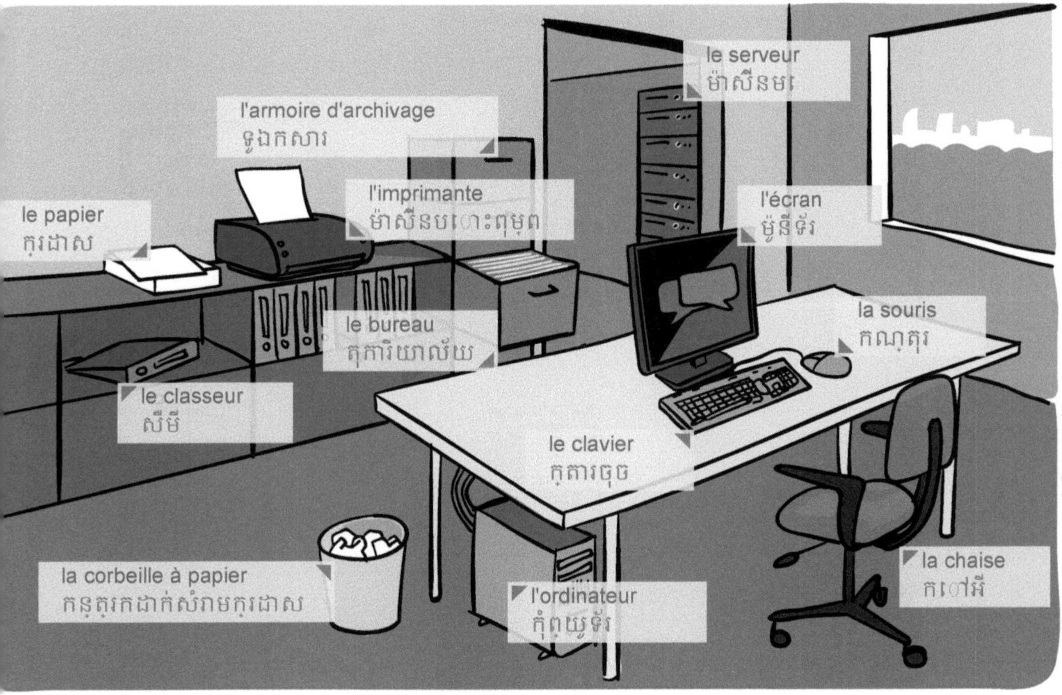

le serveur
ម៉ាស៊ីនមេ

l'armoire d'archivage
ទូឯកសារ

le papier
ក្រដាស

l'imprimante
ម៉ាស៊ីនបោះពុម្ព

l'écran
ម៉ូនីទ័រ

le bureau
តុការិយាល័យ

la souris
កណ្តុរ

le classeur
ស៊ីម៉ី

le clavier
ក្តារចុច

la corbeille à papier
កន្ត្រកដាក់សំរាមក្រដាស

l'ordinateur
កុំព្យូទ័រ

la chaise
កៅអី

la tasse de café

កវៃកាហ្វរ

la calculatrice

ម៉ាស៊ីនគិតលេខ

l'internet

អ៊ីនធឺណិត

l'ordinateur portable
កុំព្យូទ័រយួរដៃ

la lettre
លិខិត

le message
សារ

le portable
ទូរស័ព្ទដៃ

le réseau
បណ្តាញ

la photocopieuse
ម៉ាស៊ីនថតចម្លង

le logiciel
សូហ្វវែរ

le téléphone
ទូរស័ព្ទ

la prise
រន្ធជញ្ជាំង

le fax
ម៉ាស៊ីនទូរសារ

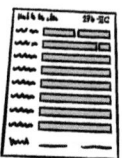

le formulaire
ទម្រង់បែបបទ

le document
ឯកសារ

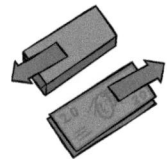

acheter

ទិញ

payer

បង់ប្រាក់

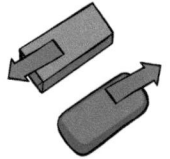

faire du commerce

ធ្វើពាណិជ្ជកម្ម

la monnaie

លុយ

le dollar

ប្រាក់ដុល្លារ

l'euro

ប្រាក់អឺរ៉ូ

le yen

ប្រាក់យ៉េន

le rouble

ប្រាក់រូបិល

le franc suisse

ហ្វ្រង់ស្វីស

le renminbi yuan

ប្រាក់យ័ន

la roupie

ប្រាក់រូពី

le distributeur automatique

កន្លែងដែលប្រើសាច់ប្រាក់

le bureau de change

ការិយាល័យបូ្តររូបិយវត្ថុ

l'or

មាស

l'argent

ប្រាក់

le pétrole

ប្រេង

l'énergie

ថាមពល

le prix

តម្លៃ

le contrat

កិច្ចសន្យា

la taxe

ពន្ធ

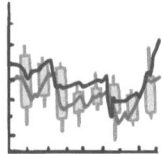

l'action

ភាគហ៊ុន

travailler

ធ្វើការ

l'employé

បុគ្គលិក

l'employeur

និយោជក

l'usine

រោងចក្រ

le magasin

ហាង

les professions
មុខរបរ

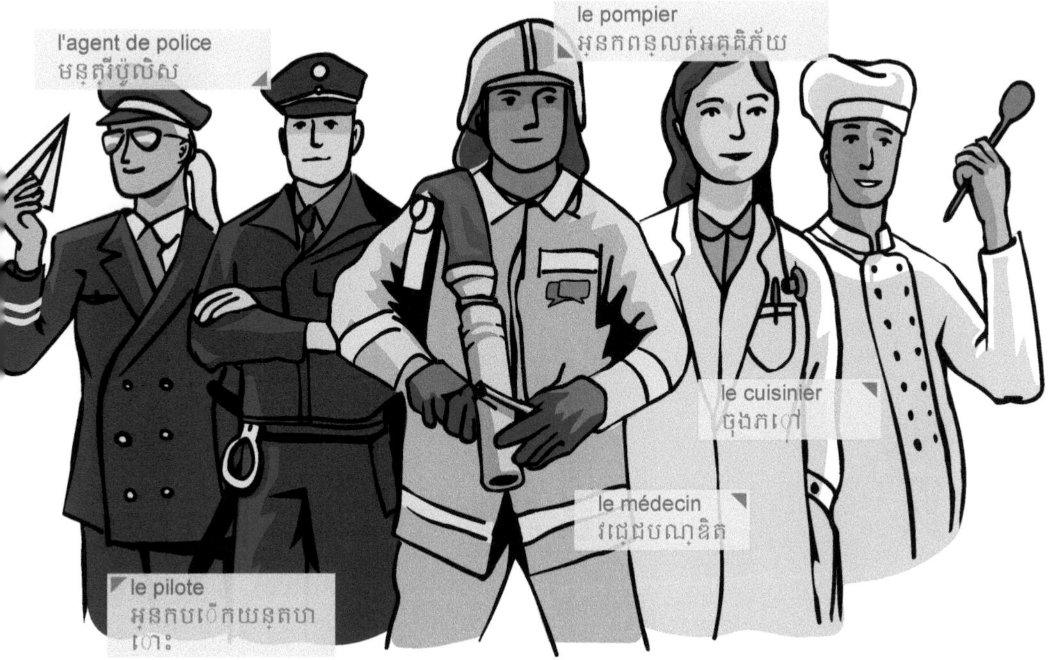
le pompier
អ្នកពន្លត់អគ្គិភ័យ
l'agent de police
មន្ត្រីប៉ូលិស
le cuisinier
ចុងភៅ
le médecin
វេជ្ជបណ្ឌិត
le pilote
អ្នកបើកយន្តហោះ

le jardinier

អ្នកថែសួន

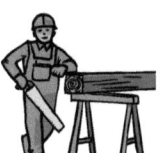

le menuisier

ជាងឈើ

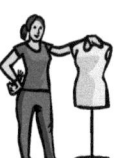

la couturière

ជាងកាត់ដេរ

le juge

ចៅក្រម

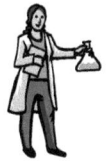

le chimiste

គីមីវិទូ

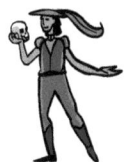

l'acteur

តួកុន

le conducteur de bus

អ្នកបើកឡ្មានក្រុង

le chauffeur de taxi

អ្នកបើកតាក់ស៊ី

le pêcheur

អ្នកនេសាទ

la femme de ménage

សុត្អ្នកសមុអាត

le couvreur

ជាងដំបូល

le serveur

អ្នករតែតុ

le chasseur

អ្នកបរបេញ្លសត្វ

le peintre

វិចិត្រករ

le boulanger

អ្នកដុតនំ

l'électricien

ជាងអគ្គីសនី

l'ouvrier

ជាងសំណង់

l'ingénieur

វិស្វករ

le boucher

អ្នកកាប់សាច់

le plombier

ជាងជួសជុលទុយោរទឹក

le facteur

អ្នករត់សំបុត្រ

le soldat

ទាហាន

l'architecte

ស្ថាបត្យករ

le caissier

បេឡា

le fleuriste

អ្នកលក់ផ្កា

le coiffeur

អ្នកអ៊ុតសក់

le contrôleur

អ្នកយកលុយ

le mécanicien

ជាងម៉ាស៊ីន

le capitaine

កាពីទែន

le dentiste

ពេទ្យធ្មេញ

le scientifique

អ្នកវិទ្យាសាស្ត្រ

le rabbin

គ្រូបង្រៀនច្បាប់សញ្ជាតិ
ជើហ្វូរ

l'imam

លោកសង្ឃយ៉ាម

le moine

ព្រះសង្ឃយ

le prêtre

បព្វជិត

les outils

ឧបករណ៍

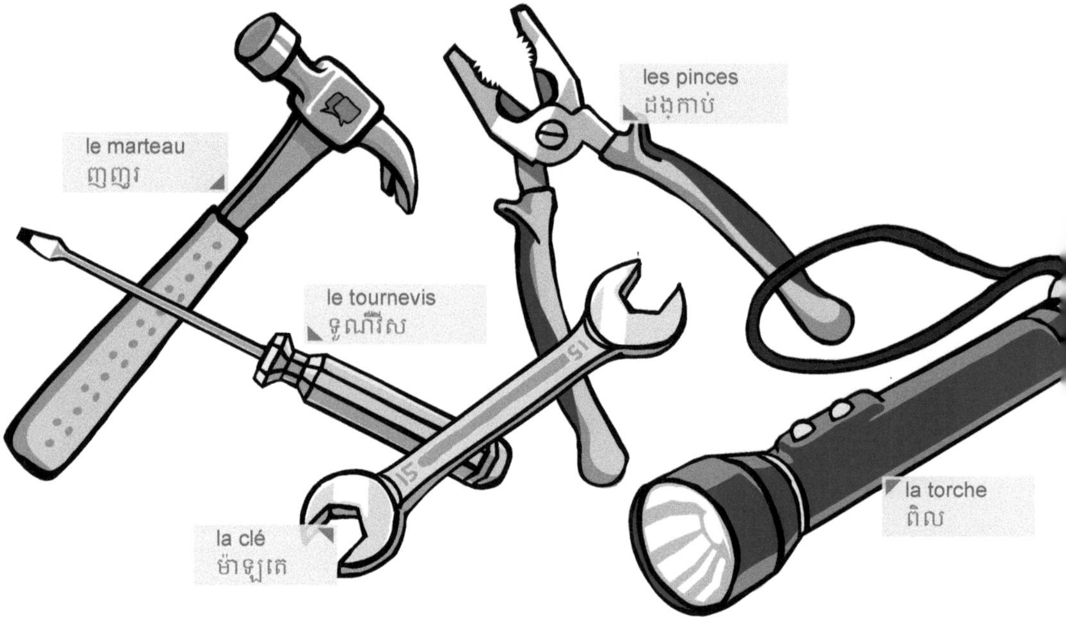
les pinces
ដង្កាប់
le marteau
ញញួរ
le tournevis
ទួណឺវីស
la clé
ម៉ាឡេត
la torche
ពិល

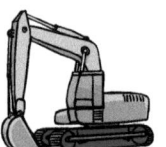

la pelleteuse
ម៉ាស៊ីនជីក

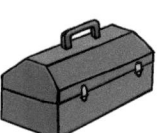

la boîte à outils
ប្រអប់ឧបករណ៍

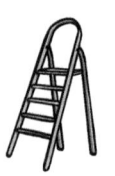

l'échelle
ជណ្តើរ

la scie
រណារ

les clous
ដែកគោល

la perceuse
ប្រដាប់ស្វាន

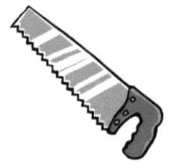

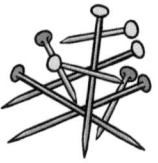

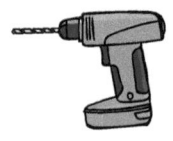

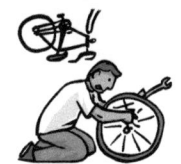

réparer

ជួសជុល

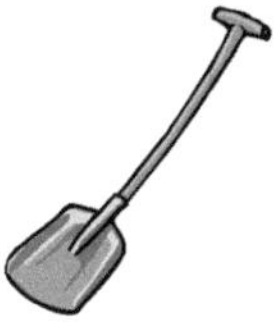

la pelle

ប៉ែល

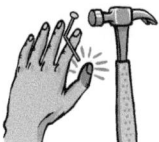

Mince !

ចង្រៃ!

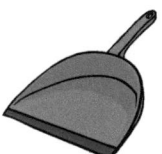

la pelle

ប្រដាប់ចូកធូលី

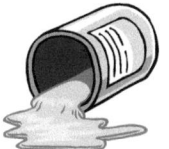

le pot de peinture

ធុងថ្នាំពណ៌

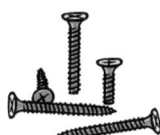

les vis

វីស

les instruments de musique
ឧបករណ៍តន្ត្រី

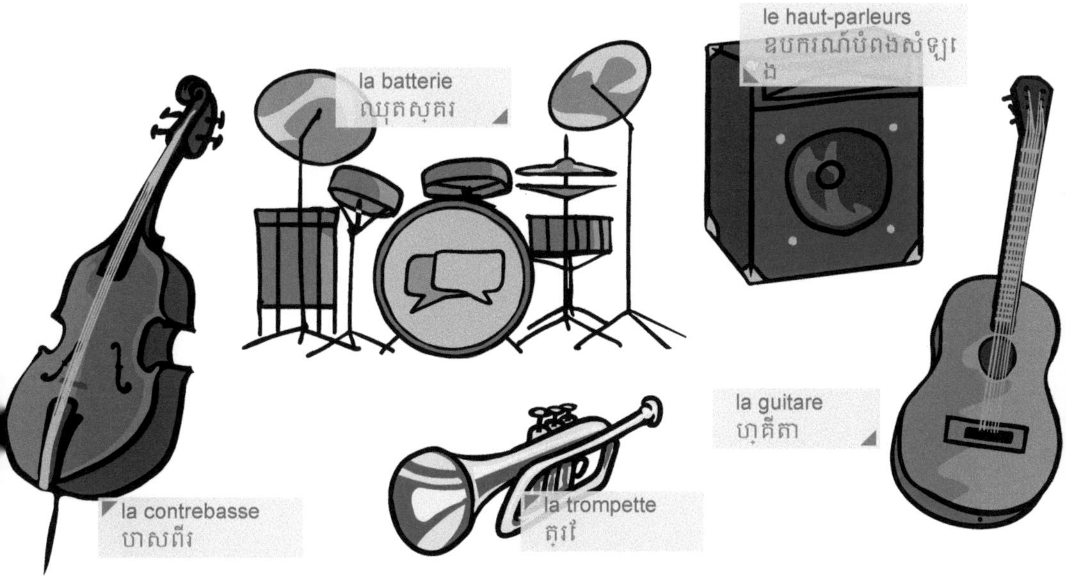
le haut-parleurs
ឧបករណ៍បំពងសំឡេង
la batterie
ឈុតស្គរ
la guitare
ហ្គីតា
la contrebasse
បាសពីរ
la trompette
ត្រែ

le piano

ព្យាណូ

le violon

វីយុឡុង

la basse

បាស

les timbales

ស្គរពោសសុបកែមុយ៉ាង

le tambour

ស្គរ

le piano électrique

យ៉ឺបត

le saxophone

សាក់សូហ្វូន

la flûte

ខ្លុយ

le microphone

ម៉ៃក្រូហ្វូន

le zoo
សួនសត្វ

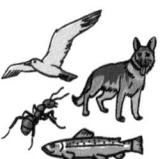

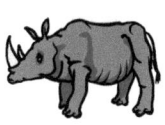

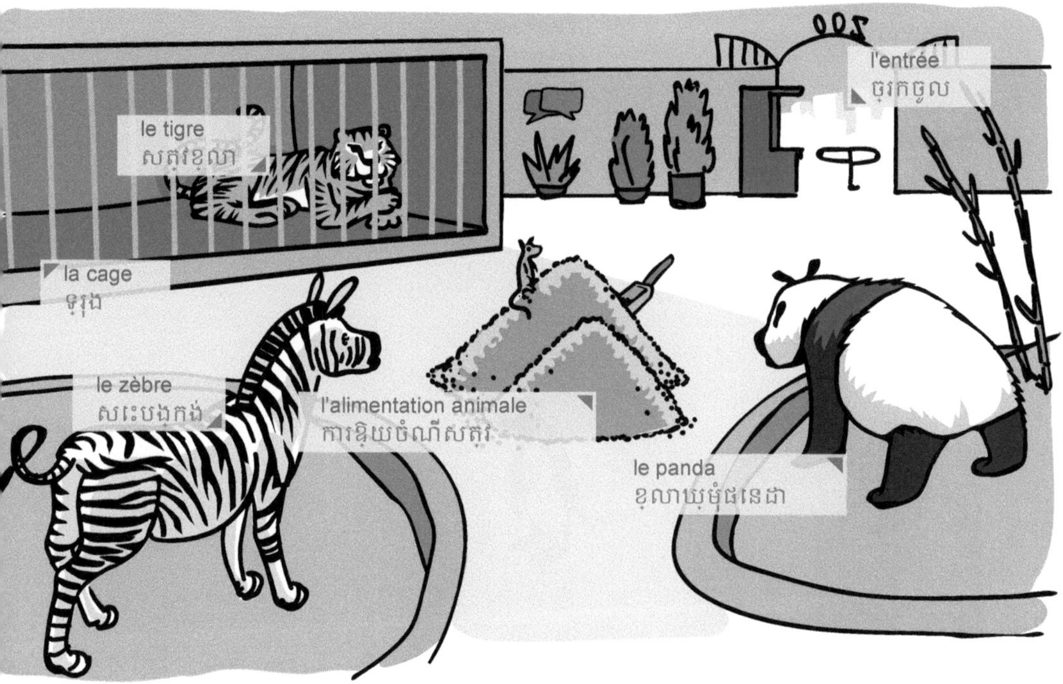
l'entrée
ច្រកចូល
le tigre
សត្វខ្លា
la cage
ទ្រុង
le zèbre
សេះបង្កង់
l'alimentation animale
ការឱ្យចំណីសត្វ
le panda
ខ្លាឃ្មុំផេនដា

les animaux
សត្វ

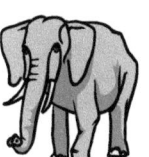

l'éléphant
សត្វដំរី

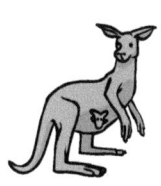

le kangourou
សត្វកង់ហ្គារូ

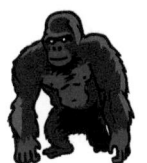

le rhinocéros
សត្វរមាស

le gorille
សត្វស្វាហ្គ័រីឡា

l'ours
ខ្លាឃ្មុំពណ៌ត្នោត

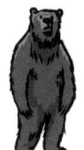

le chameau

សត្វអូដ្ឋប

l'autruche

សត្វអូទ្រីស

le lion

សត្វតោ

le singe

សុវា

le flamand rose

សត្វកុររៀល

le perroquet

សកេ

l'ours polaire

ខ្លាឃ្មុំតំបន់ប៉ូល

le pingouin

ជនេយ៉ឺន

le requin

ត្រីឆ្លាម

le paon

ក្ងោកពោក

le serpent

សត្វពស់

le crocodile

ក្រពើ

le gardien de zoo

អ្នករក្សាសួនសត្វ

le phoque

ឆ្មាទឹក

le jaguar

ខ្លារខិនមុយ៉ាង

le poney

កូនសេះ

le léopard

ខ្លារខិន

l'hippopotame

សត្វដ៏រទឹក

la girafe

សត្វករវៃ

l'aigle

ផនទុរី

le sanglier

ជ្រូក

le poisson

ត្រី

la tortue

អណ្ដើក

le morse

ល្ហោមមច្ចា

le renard

កញ្ជ្រោង

la gazelle

ក្ដាន់

l'american Football
កីឡាហ្វុតបាល់ទាត់អាមេរិក

le cyclisme
ការបួរណ្ដាំងកង់

le tennis
កីឡាថេននីស

le basket-ball
កីឡាហ្វុតបាល់បោះ

la natation
កីឡាហែលទឹក

la boxe
កីឡាប្រដាល់

le hockey sur glace
កីឡាវាយកូនមាល់លើទឹកកក

le football	le badminton	l'athlétisme
កីឡាហ្វុតបាល់ទាត់	កីឡាវាយសី	អត្តពលកម្ម

le handball	le ski	le polo
កីឡាហ្វុតបាល់កាន់	ការជិះស្គី	ប៉ូឡូ

sauter
លោត

embrasser
ឱប

rire
សើច

marcher
ដើរ

chanter
ច្រៀង

prier
អធិស្ឋាន

faire la bise
ថើប

rêver
សុបិន្ត

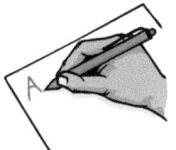

écrire
សរសេរ

dessiner
គូរ

montrer
បង្ហាញ

pousser
រុញ

donner
ឲ្យ

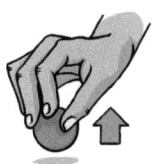

prendre
យក

avoir

មាន

faire

ធ្វើរើ

être

គឺ

être debout

ឈរ

courir

រត់

trier

ទាញ

jeter

បេាះ

tomber

ធ្លាក់

être couché

កុហាក

attendre

រង់ចាំ

porter

យូរ

être assis

អង្គុយ

s'habiller

សួលៀកពាក់

dormir

ដេក

se réveiller

ក្ញាក់ឡ្យេង

regarder

មេីល

pleurer

យំ

caresser

គូសវាស

peigner

សិតសក់

parler

និយាយ

comprendre

យល់

demander

សួរ

écouter

ស្ដាប់

boire

ផឹក

manger

បរិភោគ

ranger

សម្អាត

aimer

សុរលាញ់

cuire

ចម្អិន

conduire

បេីកបរ

voler

ហាហោះ

faire de la voile

ចេះកក់ទូក

calculer

គណនា

lire

អាន

apprendre

រៀន

travailler

ធ្វើការ

se marier

រៀបការ

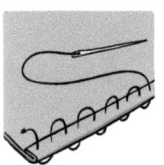

coudre

ដេរ

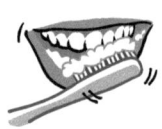

brosser les dents

ដុសធ្មេញ

tuer

សម្លាប់

fumer

ជក់

envoyer

ផ្ញើ

la famille
ក្រុមគ្រួសារ

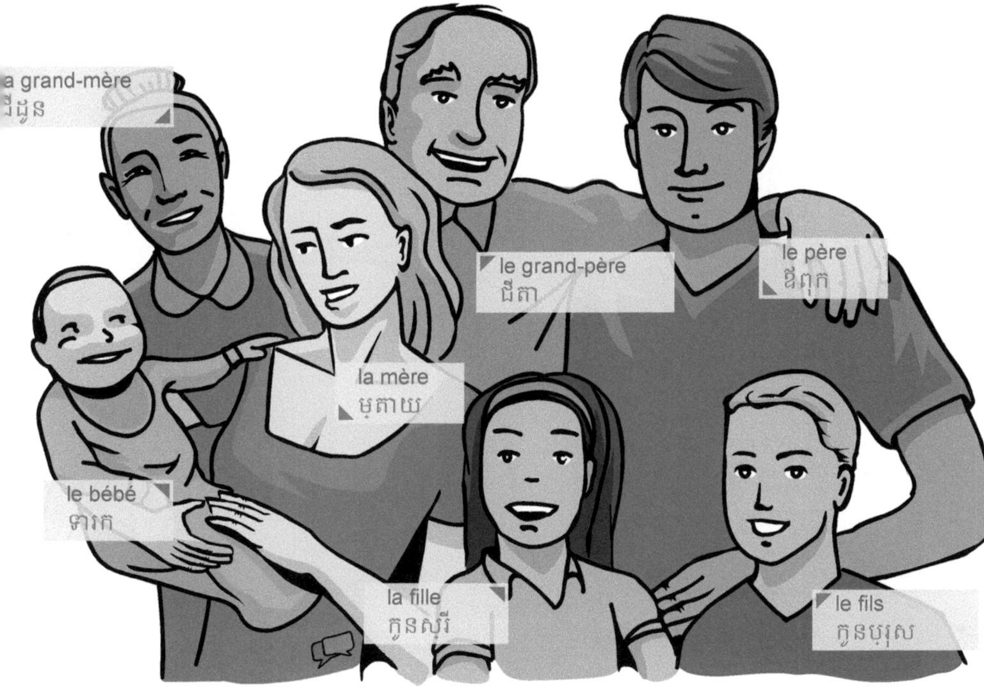
a grand-mère
ដូន
le grand-père
ជីតា
le père
ឪពុក
la mère
ម្តាយ
le bébé
ទារក
la fille
កូនស្រី
le fils
កូនប្រុស

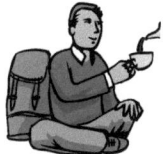

l'hôte

ភ្ញៀវ

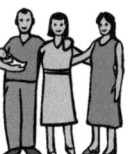

la tante

មីង

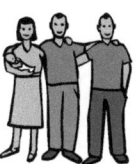

l'oncle

ពូ

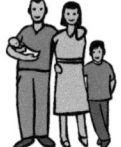

le frère

បងប្អូនប្រុស

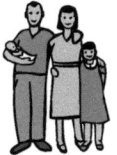

la sœur

បងប្អូនស្រី

le corps
រាងកាយ

le front
ថ្ងាស
l'œil
ភ្នែក
l'épaule
ស្មា
le doigt
ម្រាមដៃ
le visage
មុខ
le menton
ចង្កា
la main
ដៃ
la jambe
ជើង
la poitrine
សុដន់
le bras
ដៃ

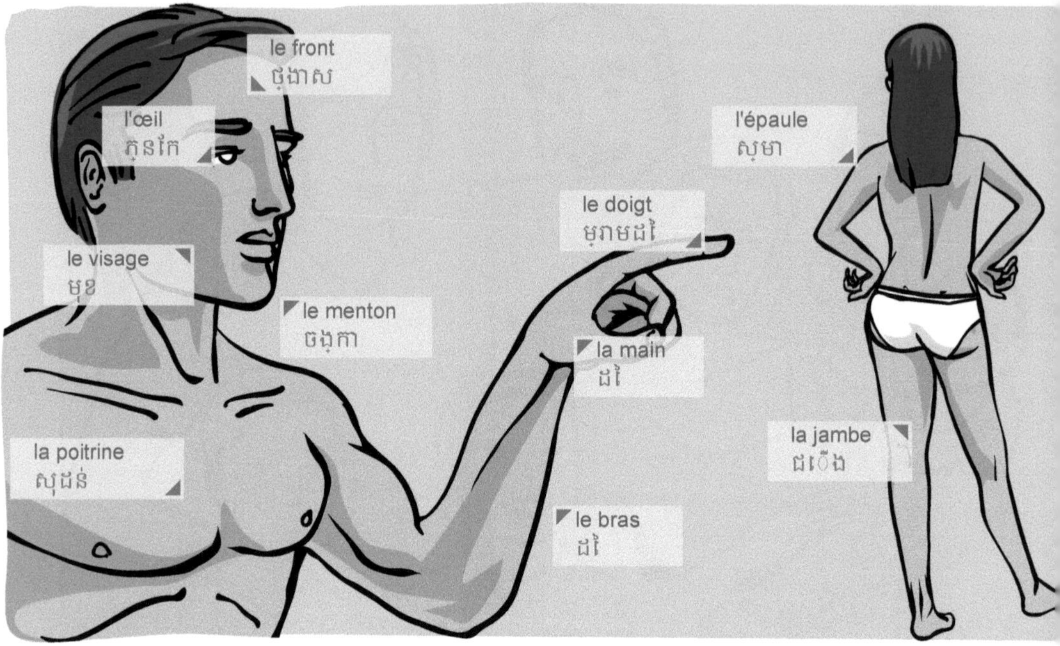

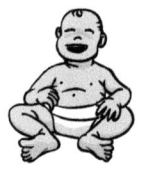

le bébé
ទារក

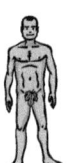

l'homme
បុរស

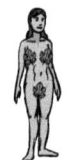

la femme
ស្ត្រី

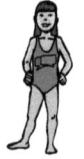

la fille
ក្មេងស្រី

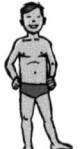

le garçon
ក្មេងប្រុស

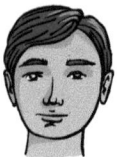

la tête
ក្បាល

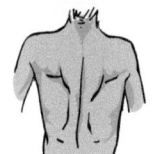

le dos

ខ្នង

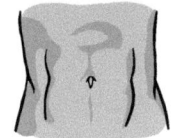

le ventre

ពោះ

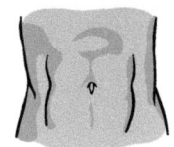

le nombril

ផ្ចិត

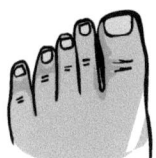

l'orteil

ម្រាមជេីង

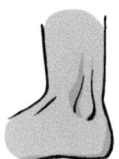

le talon

កែ្ងជេីង

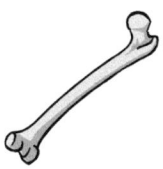

l'os

ឆ្អឹង

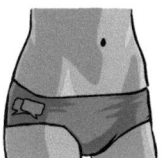

la hanche

គូ្រតោក

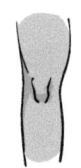

le genou

ជង្គង់

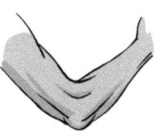

le coude

កែ្ងដៃ

le nez

ច្រមុះ

les fesses

គូទ

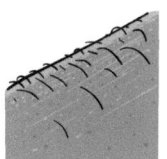

la peau

ស្បែក

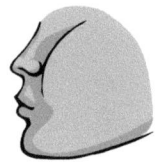

la joue

ថ្ពាល់

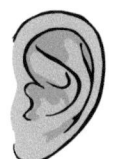

l'oreille

គូរចេៀក

la lèvre

បបូរមាត់

la bouche

មាត់

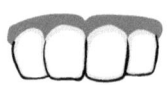

la dent

ធ្មេញ

la langue

អណ្ដាត

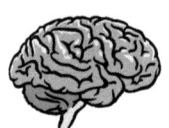

le cerveau

ខួរក្បាល

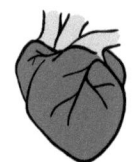

le cœur

បេះដូង

le muscle

សាច់ដុំ

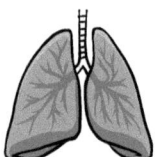

les poumons

សួត

le foie

ថ្លើម

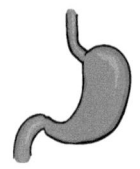

l'estomac

ក្រពះ

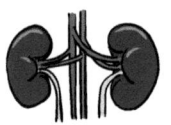

les reins

តម្រងនោម

le rapport sexuel

ការរួមភេទ

le préservatif

ស្រោមអនាម័យ

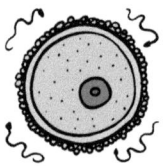

l'ovule

អូវុល

le sperme

ទឹកកាម

la grossesse

ការមានផ្ទៃពោះ

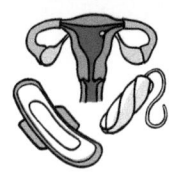

la menstruation
មករដូវ

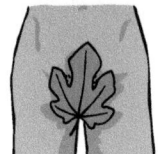

le vagin
ទ្វារមាស

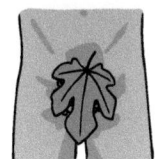

le pénis
លិង្គ

le sourcil
ចិញ្ចើម

les cheveux
សក់

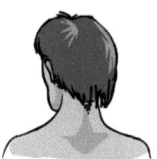

le cou
ក

l'hôpital
មន្ទីរពេទ្យ

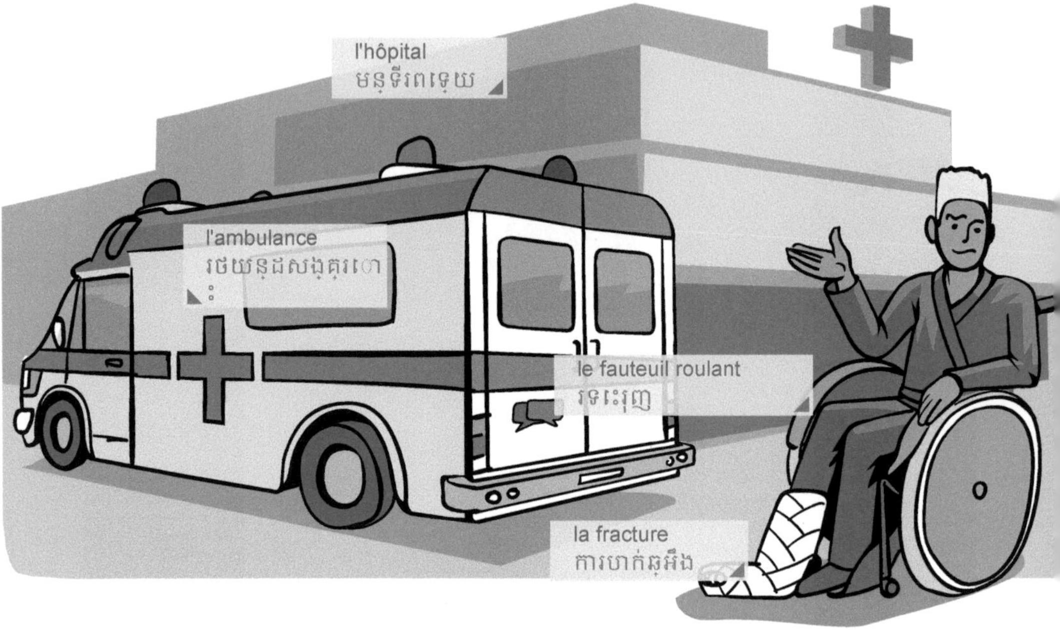

l'hôpital
មន្ទីរពេទ្យ

l'ambulance
រថយន្តដឹងគ្រូពេ...

le fauteuil roulant
រទេះរុញ

la fracture
ការបាក់ឆ្អឹង

le médecin
វេជ្ជបណ្ឌិត

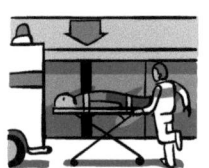

le service des urgences
បន្ទប់សង្គ្រោះបន្ទាន់

l'infirmière
គិលានុបដ្ឋាយិកា

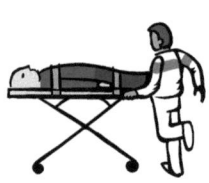

l'urgence
សង្គ្រោះបន្ទាន់

inconscient
សន្លប់

la douleur
ការឈឺចាប់

la blessure

ការរងរបួស

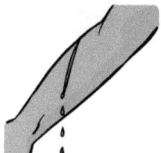

l'hémorragie

ការហូរឈាម

la crise cardiaque

គាំងបេះដូង

l'attaque cérébrale

ដុំឈីដាច់សរសៃឈាមក្នុង
ក្បាល

l'allergie

អាលកែហ្គី

la toux

ក្អក

la fièvre

ជំងឺគ្រុន

la grippe

ជំងឺផ្តាសាយ

la diarrhée

ជំងឺរាគរូស

le mal de tête

ឈឺក្បាល

le cancer

ជំងឺមហារីក

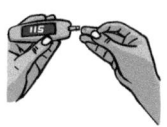

le diabète

ជំងឺទឹកនោមផ្អែម

le chirurgien

គ្រូពេទ្យវះកាត់

le scalpel

កាំបិតវះកាត់

l'opération

ប្រតិបត្តិការ

le CT

CT

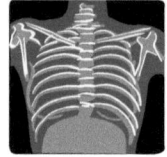

la radiographie

កាំរស្មីអ៊ិច

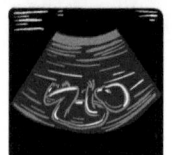

l'échographie

អេកូ

le masque

របាំងមុខ

la maladie

ជំងឺ

la salle d'attente

រង់ចាំបន្ទប់

la béquille

ឈរច្បូរគ្

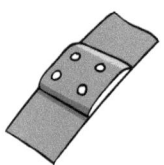

le pansement

មុនាងសិលា

le pansement

បង់រុំ

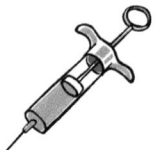

l'injection

ការចាក់ថ្នាំ

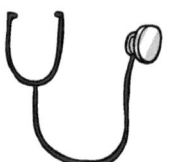

le stéthoscope

ស្ដូតេ្គ

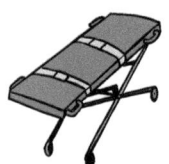

le brancard

ស្ូនឌែរប្ួស

le thermomètre

ទែម៉ូម៉ែត្រពុយាហាល

l'accouchement

កំណើត

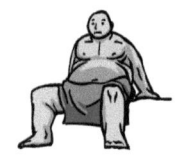

la surcharge pondérale

លចើសទម្ងន់

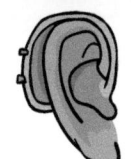

l'appareil auditif

ឧបករណ៍ជំនួយការស្ដាប់

le désinfectant

សារធាតុសម្លាប់មេរោគ

l'infection

ការឆ្លងមេរោគ

le virus

មេរោគ

le VIH / le sida

មេរោគអេដស៍ / ជំងឺអេដស៍

le médicament

ថ្នាំពេទ្យ

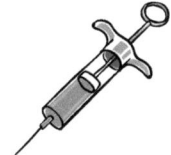

la vaccination

ការចាក់ថ្នាំបង្ការ

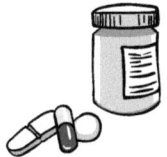

les comprimés

ថ្បេលិត

la pilule

ថ្នាំគ្រាប់

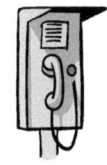

l'appel d'urgence

ការហៅពេលអាសន្ន

le tensiomètre

ឧបករណ៍ពិនិត្យសម្ពាធ
ឈាម

malade / sain

ឈឺ / មានសុខភាពល្អ

l'alarme

សំឡេងរោទ៍

l'assaut

ការវាយលុក

Au secours !

ជំនួយ!

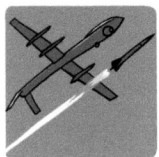

l'attaque

ការវាយប្រហារ

le danger

គ្រោះថ្នាក់

la sortie de secours

ច្រកចេញគ្រោះអាសន្ន

l'extincteur

បំពង់ពន្លត់អគ្គិភ័យ

l'accident

គ្រោះថ្នាក់

Au feu!

អគ្គីភ័យ!

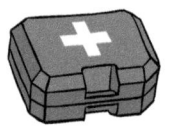

la trousse de premier
secours

ឧបករណ៍ជំនួយបឋម

SOS

SOS

la police

ប៉ូលិស

l'Europe
អឺរុប

l'Amérique du Nord
អាមេរិកខាងជើង

l'Amérique du Sud
អាមេរិកខាងត្បូង

l'Afrique
អាហ្ូរិក

l'Asie
អាស៊ី

l'Australie
អូស្ត្រាលី

l'Océan atlantique
អាត្លង់ទិច

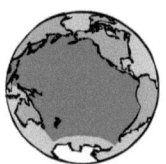

l'Océan pacifique
ប៉ាស៊ីហ្ូវិក

l'Océan indien
មហាសមុទ្រផេណូឌា

l'Océan antarctique
មហាសមុទ្រអង់តាក់ទិច

l'Océan arctique
មហាសមុទ្រអាកទិច

le Pôle nord
ប៉ូលខាងជើង

le Pôle sud

ប៉ូលខាងត្បូង

l'Antarctique

អង់តាក់ទិក

la terre

ផែនដី

le pays

ដីគោក

la mer

សមុទ្រ

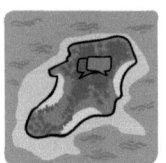

l'île

កោះ

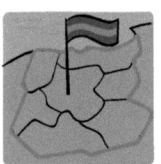

la nation

ប្រទេសជាតិ

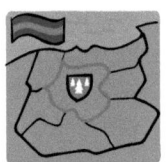

l'état

រដ្ឋ

le cadran

មុខនាឡិកា

l'aiguille des heures

ទ្រនិចម៉ោង

l'aiguille des minutes

ទ្រនិចនាទី

l'aiguille des secondes

ទ្រនិចវិនាទី

Quelle heure est-il ?

ម៉ោងប៉ុន្មាន?

le jour

ថ្ងៃ

le temps

ពេលវេលា

maintenant

ឥឡូវនេះ

la montre digitale

នាឡិកាឌីជីថល

la minute

នាទី

l'heure

ម៉ោង

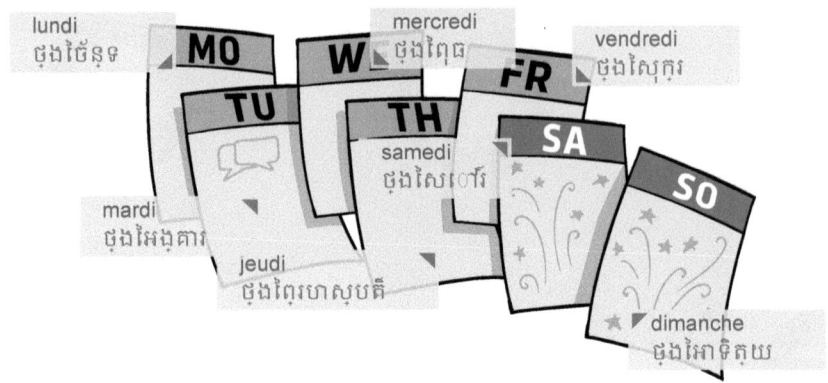

lundi
ថ្ងៃច័ន្ទ

mercredi
ថ្ងៃពុធ

vendredi
ថ្ងៃសុក្រ

mardi
ថ្ងៃអង្គារ

jeudi
ថ្ងៃព្រហស្បតិ៍

samedi
ថ្ងៃសៅរ៍

dimanche
ថ្ងៃអាទិត្យ

hier
ម្សិលមិញ

aujourd'hui
ថ្ងៃនេះ

demain
ថ្ងៃស្អែកកែ

le matin
ព្រឹក

le midi
ថ្ងៃត្រង់

le soir
ល្ងាច

les jours ouvrables
ថ្ងៃធ្វើការ

le week-end
ចុងសប្តាហ៍

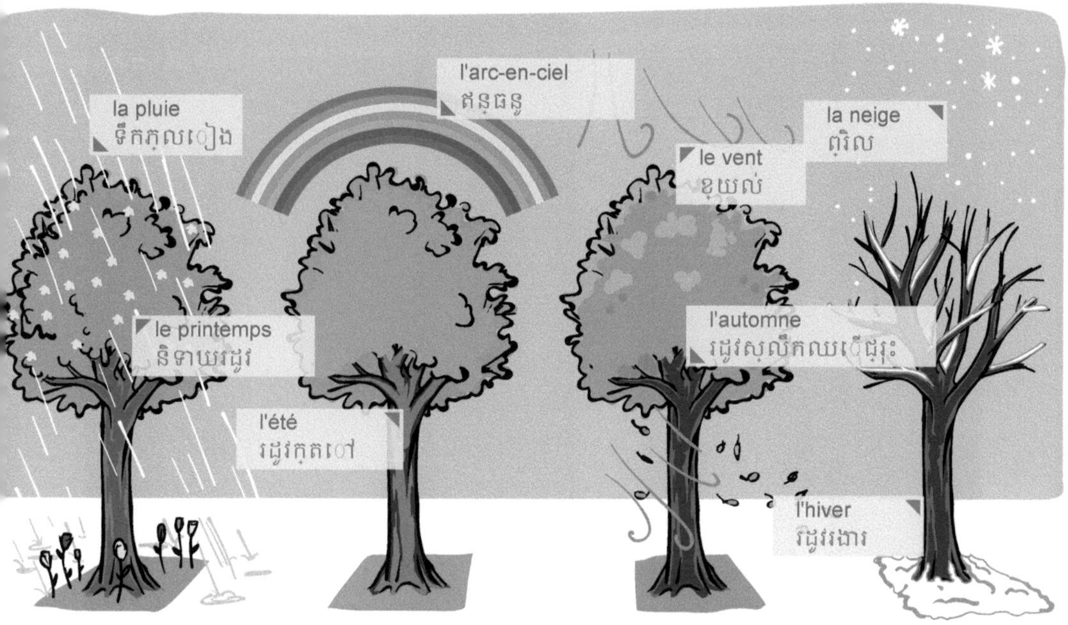

la pluie
ទឹកភ្លៀង
l'arc-en-ciel
ឥន្ធនូ
la neige
ព្រិល
le vent
ខ្យល់
le printemps
និទាឃរដូវ
l'été
រដូវក្តៅ
l'automne
រដូវស្លឹកឈើជ្រុះ
l'hiver
រដូវរងារ

4.APRIL 11°
5.APRIL 4°
6.APRIL 13°
7.APRIL 8°
8.APRIL 10°

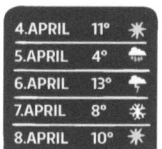

la météo
ការព្យាករណ៍អាកាសធាតុ

F
C
120
90
60
30
0
-30
40
30
20
10
0
-10
-20

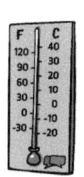

le thermomètre
ទែម៉ូម៉ែត្រ

la lumière du soleil
ពន្លឺថ្ងៃ

le nuage
ពពក

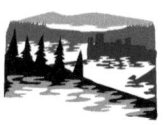

le brouillard
អ័ព្ទ

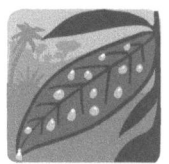

l'humidité
សំណើម

la foudre

រន្ទះ

la tonnerre

ផ្គរ

la tempête

ព្យុះ

la grêle

ព្រិល

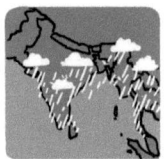

la mousson

ខ្យល់មូសុង

l'inondation

ទឹកជំនន់

la glace

ទឹកកក

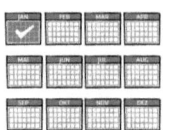

janvier

ខែមករា

février

ខែកុម្ភៈ

mars

ខែមីនា

avril

ខែមេសា

mai

ខែឧសភា

juin

ខែមិថុនា

juillet

ខែកក្កដា

août

ខែសីហា

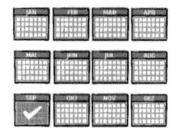

septembre

ខែកញ្ញា

octobre

ខែតុលា

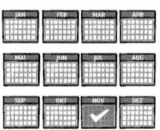

novembre

ខែវិច្ឆិកា

décembre

ខែធ្នូ

les formes

រាង

le cercle

រង្វង់

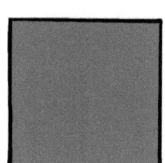

le carré

ការ៉េ

le rectangle

ចតុកោណកែង

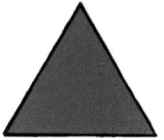

le triangle

ត្រីកោណ

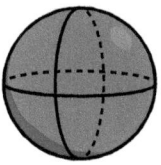

la sphère

ស្វ៊ែរ

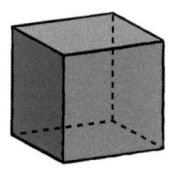

le cube

គូប

blanc
ពណ៌ស

jaune
ពណ៌លឿង

orange
ពណ៌ទឹកក្រូច

rose
ពណ៌ផ្កាឈូក

rouge
ពណ៌ក្រហម

violet
ពណ៌ស្វាយ

bleu
ពណ៌ខៀវ

vert
ពណ៌បៃតង

marron
ពណ៌ទឹកក្រូច

gris
ពណ៌ប្របផេះ

noir
ពណ៌ខ្មៅទៅ

beaucoup / peu

ច្រើន / តិចតួច

fâché / calme

ខឹង / គួរជាក់ចិត្តុត

joli / laid

សុរស់សុអាត / អាក្រក់

le début / la fin

ចាប់ផ្តុតេ្បើម / បញ្ចប់

grand / petit

ធំ / តូច

clair / obscure

ភ្លឺ / ងងឹត

frère / soeur

បងប្អូនប្រុស / បងប្អូនស្រី

propre / sale

សុអាត / កខ្វរ័ក់

complet / incomplet

ពេញលេញ / មិនពេញលេញ

le jour / la nuit

ថ្ងៃ / យប់

mort / vivant

សុឡាប់ / នៅរស់

large / étroit

ធំទូលាយ / តូចចង្អៀត

comestible / incomestible

អាចបរិភោគបាន /
មិនអាចបរិភោគបាន

méchant / gentil

ចិត្តអាក្រក់ / ចិត្តល្អ

excité / ennuyé

ការរំភើប / អផ្សុក

gros / mince

ធាត់ / ស្គម

le premier / le dernier

ដំបូង / ចុងក្រោយ

l'ami / l'ennemi

មិត្តភក្តិ / សត្រូវ

plein / vide

ពេញ / ទទេ

dur / souple

រឹង / ទន់

lourd / léger

ធ្ងន់ / ស្រាល

faim / soif

ភាពអត់ឃ្លាន /
ការស្រេកទឹកឃ្លាន

malade / sain

ឈឺ / មានសុខភាពល្អ

illégal / légal

ខុសច្បាប់ / ត្រូវច្បាប់

intelligent / stupide

ឆ្លាតវៃ / ឆ្កួត

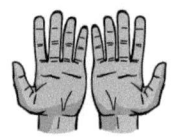

gauche / droite

ឆ្វេង / ស្តាំ

proche / loin

ជិត / ឆ្ងាយ

nouveau / usé

ថ្មី / ហានបុរេវី

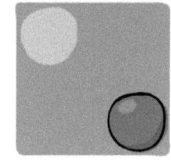

rien / quelque chose

គ្មានអ្វីសោះ / អ្វីមួយ

vieux / jeune

ចាស់ / ក្មេង

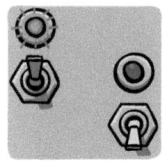

marche / arrêt

បរើក / បិទ

ouvert / fermé

បរើក / បិទ

faible / fort

សុងប់សុងាត់ / ពុខលាំង

riche / pauvre

មាន / ក្រ

correct / incorrect

គួរ / ខុស

rugueux / lisse

គ្រវើម / រលោង

triste / heureux

ពិហាកចិត្ត / សប្បាយចិត្ត

court / long

ខ្លី / វែង

lent / rapide

យឺត / លរឿន

mouillé / sec

សវើម / សុង្ងួត

chaud / froid

ក្តៅ / ត្រជាក់

la guerre / la paix

សង្គ្រាម / សន្តិភាព

0	**1**	**2**
zéro	un / une	deux
សូន្យ	មួយ	ពីរ
3	**4**	**5**
trois	quatre	cinq
បី	បួន	ប្រាំ
6	**7**	**8**
six	sept	huit
ប្រាំមួយ	ប្រាំពីរ	ប្រាំបី
9	**10**	**11**
neuf	dix	onze
ប្រាំបួន	ដប់	ដប់មួយ

12

douze

ដប់ពីរ

13

treize

ដប់បី

14

quatorze

ដប់បួន

15

quinze

ដប់ប្រាំ

16

seize

ដប់ប្រាំមួយ

17

dix-sept

ដប់ប្រាំពីរ

18

dix-huit

ដប់ប្រាំបី

19

dix-neuf

ដប់ប្រាំបួន

20

vingt

ម្ភៃ

100

cent

រយ

1.000

mille

ពាន់

1.000.000

le million

លាន

l'anglais

អង់គ្លេស

l'anglais américain

អង់គ្លេសអាមេរិក

le chinois mandarin

ចិនកុកងឺ

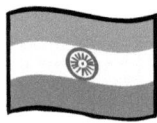

le hindi

ហិណ្ឌូ

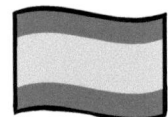

l'espagnol

អេស្បាញ

le français

ហារាំង

l'arabe

អារ៉ាប់

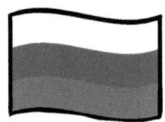

le russe

រុស្សី

le portugais

ព័រទុយហ្គាល់

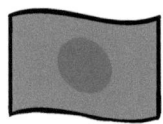

le bengali

បង់ក្លាដេស

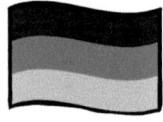

l'allemand

អាល្លឺម៉ង់

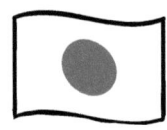

le japonais

ជប៉ុន

je

ខ្ញុំ

tu

អ្នក

il / elle / ce, c', cela

គាត់ / នាង / វា

nous

យើង

vous

អ្នក

ils / elles

ពួកគេហាន

Qui ?

នរណា?

Quoi ?

អ្វី?

Comment ?

របៀបណា?

Où ?

កន្លែងណា?

Quand ?

ពេលណា?

le nom

ឈ្មោះ

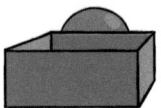

derrière
ពីក្រោយ

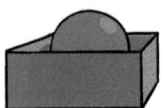

dans
ក្នុង

devant
ពីមុខ

au-dessus
ពីលើ

sur
នៅលើ

en-dessous
នៅក្រោម

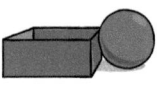

à côté de
នៅក្បែរ

entre
រវាង

le lieu
កន្លែង